Françoise Hauser

MIT 80 ÄNGSTEN UM DIE WELT

FRANÇOISE HAUSER

MIT 80 ÄNGSTEN UM DIE WELT

Reisehandbuch für Neurotiker

Mit 18 farbigen Abbildungen

Mehr über unsere Autoren und Bücher:
www.malik.de

Erweiterte Taschenbuchausgabe
ISBN 978-3-492-40625-3
Januar 2019
© Piper Verlag GmbH, München 2017
erschienen unter dem Titel »Noch nicht da und schon am Ende«
im Verlagsprogramm Piper Sachbuch
Dieses Werk wurde vermittelt durch Aenne Glienke | Agentur für Autoren
und Verlage, www.AenneGlienkeAgentur.de
Umschlaggestaltung: Dorkenwald Grafik-Design, München
Umschlagabbildungen: Petra Dorkenwald
Autorenfoto: privat
Bildteilfotos: Françoise Hauser, bis auf S. 1 unten (ullstein bild - AP),
S. 3 unten (Katrin Schlotter) und S. 6 unten (Sustainable Sanitation Alliance
[SuSanA] - https://www.flickr.com/photos/gtzecosan/3232388550/, CC BY 2.0)
Satz: Kösel Media GmbH, Krugzell
Litho: Lorenz & Zeller, Inning am Ammersee
Druck und Bindung: CPI books GmbH, Leck
Printed in the EU

INHALT

ANSTELLE EINES VORWORTS: WORUM GEHT'S?

Es ist ein Jammer: Da fährt man ein- oder zweimal im Jahr voller Vorfreude in ferne Gefilde und stellt fest, dass Klausi einem noch immer wie am Frackzipfel hängt. »Klausi« steht in meinem persönlichen Code für Klaustrophobie. Klausi fliegt nicht gerne, und schon gar nicht im hinteren Teil des Flugzeugs, er hasst enge Aufzüge, und U-Bahnen sowieso. Unter dem Strich kann man ihn nur mit Humor nehmen, alles andere wäre zum Heulen. Und Klausi ist keineswegs allein: Fast alle Menschen, die ich kenne, nehmen Ängste, Unverträglichkeiten, Ekel und Abneigungen mit, wenn sie auf Reisen gehen. Neurotischer Kram, der sich nur schwer erklären lässt, auf Unbeteiligte gerne etwas durchgeknallt wirkt und nicht zuletzt für viele nette Anekdoten sorgt, die allerdings oft erst im Nachhinein so richtig lustig sind, wenn man den Peinlichkeitsfaktor überwunden hat.

Falls Sie zu den Menschen gehören, die gar niemanden mit Phobie oder anderen »Macken« kennen, wäre dies übrigens der Moment, einfach mal innezuhalten und darüber nachdenken, warum das so ist. Statistisch gesehen sind Phobiker und alle anderen »Neurotiker« (ein Begriff, der hier durchaus mit einem Augenzwinkern benutzt wird) nämlich in ziemlich guter Gesellschaft. Mehr als ein Sechstel aller Menschen leidet an Phobien, fast ein Viertel an Unverträglichkeiten (oder glaubt es zumindest), viele sind sogar von beidem betroffen. Und selbst für jene, die sich nicht unbedingt in diese Reihe einordnen würden, gilt: Jeder hat seinen ganz persönlichen Horror oder Problembereich, der erst unterwegs so richtig zum Tragen kommt. Spätestens bei der Begegnung mit einer tropischen Spinne im XXL-Format erleben nicht nur Arachnophobiker eine ganz neue Dimension von Panik. Sie reden nur nicht oft darüber. Über die Möglichkeiten des Scheiterns am fremden Umfeld wird generell wenig gesprochen: über das Entsetzen ob der »authentischen« lokalen Toiletten in der Dritten Welt, des ortsüblichen Essens, der gepackten Menschendichte im öffentlichen Verkehr oder über den Ekel vor den riesigen Insekten, von denen im Reisekatalog natürlich nicht die Rede war.

In diesem Buch geht es daher nicht nur um Phobien, sondern auch um all die anderen Ärgernisse, die einem die Reise ganz schön verhageln können.

Manchmal sind es schlicht die Freunde oder komplett fremde Menschen, die dafür sorgen, dass die Reise niemals im Tagebuch unter »Meine schönsten Erlebnisse« verewigt wird: Schon allein das Wissen um die Existenz von Kriminellen und Terroristen lässt jede Reisetasche ohne Besitzer suspekt erscheinen.

Allerdings muss man dazusagen: Ängste sind nicht immer unbegründet, manch eine vermeintlich neurotische Abneigung ist im Grunde gar nicht so falsch. Auch darum geht es in diesem Buch. Mücken und andere Insekten kann man eigentlich gar nicht überschätzen, obwohl sie so klein sind, und Krankheitskeime schon gar nicht, obwohl sie uns oft da erwischen, wo wir gar nicht mit ihnen rechnen. Wenn sie einen niederzwingen, braucht man einen Arzt. Spätestens dann bekommen es auch Unerschrockene in der Dritten Welt mit der Angst zu tun.

Manchmal fürchten wir uns auch vor Dingen, die eigentlich harmlos sind, und stellen uns wie nebenbei und furchtlos den wirklichen Gefahren, weil wir sie gar nicht als solche erkennen: Zwar eint die Angst vor Haien alle Reisenden, die ans Meer wollen; dass man aber weitaus mehr Respekt vor Quallen haben sollte, die es mittlerweile in erschreckendem Ausmaß gibt, ist nur den wenigsten bekannt. Oder dass die schnelle Abkürzung über die Wiese in manchen Ländern die letzte gewesen sein kann. Hätten Sie gedacht, dass jedes Jahr rund 100 000 Menschen weltweit an Schlangenbissen sterben?

Alles in allem geht es in diesem Buch also darum, einen Blick auf die psychische und physische Unbill zu werfen, die auch erfahrene Reisende ereilen kann – und natürlich darum, all die Informationen zu sammeln, die ein Neurotiker zu schätzen weiß: wo man wirklich mit einer verdreckten Toilette rechnen muss, welche Tiere wirklich gefährlich sind und was man im Katastrophenfall tun sollte.

Den einen oder anderen Ratschlag gibt es auch. Falls Sie aber den todsicheren, erprobten Tipp erwarten, der alle Ängste und Probleme hinwegfegt, dann muss ich Sie enttäuschen. Dies ist kein Selbsthilfebuch im Sinne von »Angstfrei in 24 Stunden«. Viele Ratgeber sind sowieso ein

Schlag ins Gesicht eines jeden Phobikers, denn sie bagatellisieren die Angst: »Reiß dich zusammen«, ist die Botschaft, »stell dich doch einfach der Angst.« Derartige Ratgeber suggerieren, dass man Phobien auf 200 Seiten ausmerzen kann. Was natürlich letztlich auch bedeutet: Alle, die bei ihrer Angst bleiben, sind irgendwie Weicheier. Menschen, die sich einfach nicht trauen, sich ihrer Schisse zu stellen, unnötig leiden und auch ganz anders könnten, wenn sie sich nur ein bisschen anstrengen würden. Persönlich kenne ich nur Menschen, die, und auch das gilt nicht für alle, graduelle Verbesserungen ihrer Phobien und Abneigungen erreicht haben und die trotzdem verreisen. Sollte man nicht gerade vor ihnen Ehrfurcht haben? Vor jenen, die todesmutig in den Flieger steigen, obwohl sie insgeheim befürchten, die Reise nicht zu überleben? Die sich von vollen Zügen in Indien genauso wenig abhalten lassen wie von wilden Hunden in Ecuador? Oder vor jenen, die tapfer Krabben aus dem Essen puhlen und sich bei Einladungen verwegen dem Verzehr dubioser Fleischsorten stellen? Die sich eben trotz Angst, Phobie und Ekel auf den Weg machen und die Welt erkunden!

Dies tun sie übrigens oft mit großer Sachkenntnis: Phobiker und andere Neurotiker sind meist exzellente Planer, die ihren Mitreisenden viel Arbeit abnehmen. Sie wissen schon Wochen im Voraus, welche öffentlichen Verkehrsmittel vom Flughafen in die Stadt fahren, welches Hotel welche Vorzüge bietet (weil sie längst überprüft haben, in welchem Stockwerk die Zimmer liegen und ob man auch ohne Nutzung der U-Bahn in die Stadt kommt), ob es öffentliche Toiletten gibt, welche Impfungen man braucht.

Und auch in Sachen Besichtigungsprogramm und Nahverkehr sind sie auf Zack. Logisch: Nur durch diesen grenzenlosen Aktionismus behalten sie a) ein kleines bisschen Kontrolle und verhindern b), dass irgendeine gedankenlose Nase ihnen einen Strich durch die Erholung macht und einen Besuch im welthöchsten Kletterpark oder Ähnliches auf die Agenda setzt, was dem Phobiker nachts den Schlaf rauben würde. Und Kontrolle ist definitiv ein Schlüsselwort, wenn es um Phobien geht.

Panikattacken, Ängste und all die anderen Unannehmlichkeiten, die in diesem Buch vorkommen, sind übrigens keine Sache der Moderne. Sie sind nur ein wenig salonfähiger geworden. Eine Lebensmittelunverträglichkeit beispielsweise gehört in vielen Kreisen heute fast schon zum guten Ton. Für die Flugphobie dagegen musste das Flugzeug erst erfunden werden und auch die Angst im Aufzug kann sich in Gegenden mit vorrangig einstöckiger Bebauung kaum entfalten. Ein Blick auf die Geschichte zeigt: Auch prominente Reisende litten an dem einen oder anderen Problem: Charles Darwin beispielsweise war ein Leben lang von Seekrankheit betroffen. Er kotzte sich auf seiner Reise nach Südamerika sprichwörtlich die Seele aus dem Leib, während er nebenbei die Biologie revolutionierte. Aber damit nicht genug, litt er auch noch unter Panikattacken. Wer weiß, wie schrecklich sich Seekrankheit anfühlt, wird sich kaum darüber wundern. Letztlich blieb seine große Fahrt auf der *Beagle* die erste und letzte Reise seines Lebens, denn er entwickelte eine regelrechte Reisephobie. Oder Edvard Munch, der Maler des Bildes *Der Schrei*. Der Künstler wurde ebenfalls von Angstzuständen geplagt. Ich stelle mir gerne vor, dass das Bild entstand, nachdem man ihn von der ersten Reihe in die letzte des Flugzeugs umgebucht hatte. Zumindest sehe ich so aus, wenn mir das passiert. Sogar Sigmund Freud, der Angst-Experte schlecht-hin, litt unter Agoraphobie und schaffte es zeitlebens nicht, sie völlig zu überwinden. In Anbetracht dieser pro-minenten Leidensgenossen darf man als Phobiker und Angstschisser doch eigentlich ganz gelassen damit umge-hen.

WOHER KOMMT'S?

Bleibt die interessante Frage: Warum nur leiden so viele Menschen an Phobien und Ängsten? Unverarbeitete Kind-heitserinnerungen, Traumata, negativer Stress... Die Zahl der möglichen Ursachen für Phobien ist groß, die Zahl der wissenschaftlichen Untersuchungen dazu ebenfalls. Leider lassen sich die Ergebnisse mehr oder minder mit einem Satz zusammenfassen: So ganz genau weiß man es nicht. Es gibt Menschen, die werden von einem Hund gebissen und fürchten Hunde fortan wie der Teufel das Weihwasser, andere stecken es einfach weg.

Vielleicht gehen Phobien auch viel mehr auf körperliche Ursachen zurück, als man derzeit noch annimmt. Ein Risi-kofaktor für neurologische und psychiatrische Krankhei-ten kann eine Variante von Adenosin-A1-Rezeptoren im Gen sein, die bei der Signalübertragung im Gehirn eine Rolle spielen. In diese Richtung deuten Untersuchungen des Jülicher Forschungszentrums, die bei Phobikern auf eine erhöhte Konzentration dieser Rezeptoren stießen.

DER KLEINE UNTERSCHIED

Interessant ist auch: Phobien sind unter den Geschlechtern sehr ungleich verteilt: Jede fünfte Frau leidet in Deutschland unter irgendeiner Angststörung, bei den Männern sind es etwas weniger als 10 Prozent. Woher die Unterschiede stammen, lässt sich bisher nicht zweifelsfrei klären. Gut möglich, dass Frauen eher zugeben, dass sie höllisch Angst vor Spinnen, Aufzügen oder anderem haben, weil sie nicht unter dem Druck stehen, sich »wie ein Mann zu verhalten«. Im europäischen Ausland sieht es nicht viel besser aus. Wie es um die Menschen in ärmeren Ländern steht, darüber erfährt man kaum etwas. Vielleicht spielen Ängste einfach keine Rolle, wenn man tagtäglich um das Überleben kämpfen muss? Oder interessiert es einfach niemanden?

PAN WAR'S

Der Begriff Panik stammt vom griechischen Gott Pan ab, der mit seiner gruseligen Gestalt, halb Mensch, halb Bock, Reisende zu Tode erschreckte. Sie sind der Legende nach also die Ersten, die von Panik heimgesucht wurden.

1 FLUGANGST – DER STANDESGEMÄSSE EINSTIEG

Eigentlich haben Flug-Phobiker recht: Es ist im Grunde vollkommen verrückt, dass Flugzeuge, diese zentnerschweren Gebilde aus Metall, wirklich fliegen können.

Rund 400 000 Kilo bringt eine beladene Boeing 747 auf die Waage, der Airbus A380 sogar rund 500 000 Kilo. Erschwerend kommt hinzu: Man ist den beiden Piloten im Cockpit gänzlich ausgeliefert. Was, wenn sie die klassischen Katastrophenfilme nicht kennen und unterwegs beide das Fischgericht essen? (Die meisten Fluggesellschaften empfehlen zwar zwei verschiedene Menüs für Pilot und Kopilot, eine definitive Regelung gibt es jedoch nicht.) Oder wenn sie sich gegenseitig unterwegs mit einem fiesen Norovirus anstecken? Auch die Tatsache, dass Flugzeuge zu großen Teilen mit computergestützten Systemen gesteuert werden, ist kein Grund zur Zuversicht. Schließlich ist es der IT-Branche bisher nicht einmal gelungen, eine vollkommen stabile Textverarbeitungssoftware zu erschaffen.

Kein Wunder, dass rund ein Drittel aller Passagiere mit

einem mulmigen Gefühl ins Flugzeug steigt, mehr als ein Sechstel packt gar die nackte Panik, wenn sie fliegen müssen. Allerdings tun sie es. Wie viele aufgrund ihrer Ängste gar nicht erst antreten, erfährt man in der Regel nicht. Hinter manch einem vorgeschobenen »Frankreich ist doch auch schön« oder »Mit dem Auto in den Urlaub fahren ist sowieso viel praktischer!« stecken eine erprobte Vermeidungsstrategie und viel Selbstbetrug.

Ein weiteres Manko von Flugreisen liegt auf der Hand: Ist man erst mal in der Luft, gibt es kein Zurück, kein »Ich steig dann mal an der nächsten Kreuzung aus« oder »Fahrt doch alleine weiter«. Drin ist drin, und ist die Tür verriegelt, öffnet sie sich erst wieder nach der Landung. Schlägt die Panik zwischendrin zu, heißt es Zähne zusammenbeißen. Sich vor dem Personal als Angsthase oder gar unter Panik leidender Mensch zu outen, führt nicht immer zum gewünschten Ergebnis.

Typisch ist beispielsweise der folgende kurze Dialog auf einem italienischen Linienflug:

Passagier: Entschuldigung, haben Sie eventuell ein Beruhigungsmittel an Bord? Ich habe extreme Flugangst.

Stewardess: Wie wäre es mit einem Kamillentee?

Für alle, die nicht wissen, wie sich eine echte Panikattacke anfühlt: Das Angebot eines Kamillentees für einen Flugphobiker ist ungefähr so, als würde man einem Unfallopfer mit abgerissenen Gliedmaßen ein Pflaster anbieten.

Immerhin kommt man selbst in großen Linienmaschinen den Passagieren auf esoterischem Wege entgegen: In den Maschinen westlicher Fluggesellschaften gibt es keine Reihe 13 und in chinesischen meist keine Reihe 4. Denn die gilt als böse Zahl, klingt sie doch genauso wie das chinesische für Wort »sterben«.

UND DIE STATISTIK?

Apropos sterben: Wie steht es eigentlich um die statistische Wahrscheinlichkeit, dass es zu einer Katastrophe kommt? Laut der *IATA,* der *International Air Transport Association,* gab es 2015 68 Unglücke, bei denen 136 Menschen starben – und das bei fast 38 Millionen Flügen und rund 3,5 Milliarden Passagieren im Jahr! Insgesamt kommt auf 3,1 Millionen Flüge ein verunglücktes Flugzeug, wobei sich hinter dem Begriff »verunglückt« nicht zwingend ein »Totalverlust«, so der Fachbegriff, verbergen muss, auch eine Notlandung mit leichten Schäden fällt zum Beispiel unter diesen Begriff. Das sind ziemlich beeindruckende Zahlen. Andere zählen die Unfälle pro Starts oder pro Personenkilometer. Das Flugzeug schneidet immer hervorragend ab. Warum beeindruckt das niemanden? All die Furchtlosen denken sowieso nicht darüber nach, die Schisser tun es dennoch, allen Zahlen zum Trotz.

Um es noch deutlicher zu sagen: Unseriöse Airlines und klapperige Maschinen findet man nur noch in den allerärmsten Ländern der Welt oder überall dort, wo sich niemand um die Flugsicherheit kümmert, weil die Menschen andere, dringlichere Probleme haben. Gut drei Viertel aller Unglücke finden in Ländern statt, die mit gerade mal 12 Prozent am Flugverkehr beteiligt sind. Provokant gesagt, ist die Angst vorm Fliegen in den Industrieländern eine behandelbare Neurose, in anderen Gegenden der Welt geht sie als lebenserhaltende Maßnahme durch. Die

Wahrscheinlichkeit, in Afrika einen Flugzeugabsturz zu er-(aber leider nicht über-)leben steht bei rund 1:50000, während sie im Rest der Welt bei mehr als 1:1000000 liegt. Ich muss gestehen, auch die Zahlen über den dortigen Bus- und Straßenverkehr verheißen nichts Gutes. Einen Überblick über unsichere Airlines bietet die schwarze Liste der EU-Kommission, eine Liste all derer Fluggesellschaften, die in der Europäischen Union nicht fliegen dürfen. Die Gründe dafür sind vielfältig: Nicht nur Sicherheitsmängel geben den Ausschlag, sondern auch unzureichende staatliche Kontrollen können dazu führen, dass die Fluggesellschaften eines Landes gelistet werden, zum Beispiel weil sich vor Ort niemand um die Sicherheit kümmert und die Behörden der Europäischen Union nicht jedes Flugzeug überprüfen können. In diesem Fall ist es sinnvoll, vor der Reise bei einem Spezial-Reiseveranstalter für das jeweilige Land nachzufragen oder die Airline zu googeln. Auch das bietet zwar keine hundertprozentige Sicherheit, ist aber immer noch besser, als völlig ahnungslos in eine afrikanische, nepalesische oder indonesische Klappermaschine zu steigen.

DER OUTBACK-FAKTOR

An dieser Stelle unbedingt noch eine Warnung an alle, die schon beim Anblick einer soliden A380 Muffe kriegen: Generell gilt in der Welt des Fliegens die Regel »Je abgelegener, desto wagemutiger«. Was beispielsweise im neuseeländischen oder australischen Hinterland und im afrikanischen Busch als verkehrstaugliches Flugzeug gilt, löst bei Flug-Phobikern umgehend eine Angstattacke aus. Wobei man diese Länder nicht in einen Topf werfen sollte: Neuseeländer und Australier kleben zwar auch mal die geborstenen Scheiben mit Isolierband und reparieren grundsätzlich alles mit Universaldraht, sind damit aber immerhin erfolgreich.

In eine ähnliche Kategorie fallen auch die Barfuß-Piloten der Malediven. Die Inseln des hochpreisigen Ferienziels liegen weit auseinander – auf 90 000 Quadratkilometer verteilt, um genau zu sein – und sind per Schiff nur durch eine sehr langwierige Fahrt zu erreichen. Touristen, Post und Fracht reisen daher per Wasserflugzeug, das sind kleine Twin-Otter-Maschinen, in denen maximal 15 Menschen Platz haben – übrigens die größte Twin-Otter-Flotte weltweit! Den Piloten, meist junge Männer aus Kanada, den USA oder England, haftet eine verklärte Aura an. Sie sehen meist verdammt gut aus und leben den ultimativen Junggesellentraum, und das nicht zuletzt, weil sie in der Tat barfuß fliegen. Das ist witzig und cool, bis man sie im Strand-Aufzug am Steuer sitzen sieht. Zur Beruhigung muss man sagen: Die Barfußpiloten haben jede Menge Erfahrung mit rauem Wetter und auch einen guten Grund für die lockere Haltung in Sachen Schuhwerk, denn der ständige Kontakt mit dem Wasser und die Hitze lassen sich so besser aushalten und nach der Landung rutschen sie nicht auf den nassen Kufen aus. Die Maschinen selbst werden alle neun Jahre in Kanada generalüberholt und zu diesem Zweck auf einer tagelangen Reise dorthin geflogen.

TRÖSTLICHE FAKTEN ZUM FESTKLAMMERN

- Nahezu alle Flugzeuge können ziemlich problemlos weiterfliegen, wenn ein Triebwerk ausfällt, was selten genug vorkommt.
- Selbst wenn alle Triebwerke versagen, schaffen die großen Linienmaschinen je nach Höhe und Wetter noch etwa 200 Kilometer im Gleitflug. Auch ein Blitzschlag muss dem Flugzeug nicht unbedingt etwas anhaben.

ZEIG MIR DEN WEG, KLEINES

Wer auf die Galapagos-Insel Isabela will, hat die Wahl: Ab Flughafen Seymour auf Baltra geht es per Boot oder per Flugzeug auf die größte Insel des Archipels. Reiseveranstalter empfehlen gerne Letzteres. Aus gutem Grund, denn das Boot nach Puerto Villamil wird unter der Hand auch als Kotzklipper bezeichnet, der raue Bootstransfer soll selbst gestandene Segler in Wracks verwandeln. Das Flugzeug also. Beim Anblick der Maschine könnte man diese Entscheidung jedoch spontan bereuen: Es gibt sechs Sitzplätze direkt hinter dem Piloten, mit Isolierband verklebte Seitenscheiben und ein Cockpit mit angegriffenen, teils abgebrochenen Plastikschaltern und abblätternder Metalloberfläche. Dem von Kopf bis Fuß tätowierten Kapitän haftet ein Hauch von *Pirates of the Caribbean* an – und der Verdacht liegt nahe, dass er sein Diplom auf dem zweiten oder eher fünften Bildungsweg und hinter Gittern erhalten hat. Zur Orientierung packt er ein kleines handliches Navi aus, das er auf das Cockpit stellt, offensichtlich eine private Investition, die ursprünglich für ein Auto vorgesehen war. Andererseits: Er fliegt ja sowieso nicht besonders hoch. Ob die Maschine im Notfall wassern könnte? Wie lange dauert es wohl, bis man zwischen den Galapagos-Inseln auf Hilfe hoffen darf? Und gibt es dort eigentlich Haie? Natürlich ignoriert der Kapitän alle Konversationsversuche, genauso wie die Frage, wie lange der Flug denn dauere. Dafür tippt er ab und zu auf dem kleinen Navi herum. Alles in allem keine vertrauenserweckende Erfahrung. Richtig schätzen lernt man den Flug erst bei der Ankunft des Bootes, das dieselbe Strecke auf dem Wasser zurückgelegt hat: Von oben bis unten mit Erbrochenem verschmiert wanken die blassen Gestalten an Land. Kein Wunder, dass es auf Isabela gleich drei Waschsalons gibt.

WAS HILFT GEGEN DIE PANIK?

Egal, ob Jumbojet oder Mini-Maschine, so ganz wehrlos ist man der Flugangst nicht ausgesetzt. Die folgenden Tipps können helfen, gar nicht erst in Panik zu verfallen.

o Beschäftigen Sie sich. Wer im Sitz kauert und auf die Angstattacke wartet, hat gute Karten, dass sie vorbeikommt wie ein lang ersehnter Gast.

o Steigen Sie nicht als Erster ein. Wer lange im Flieger sitzt, kommt mitunter auf den Gedanken, einfach wieder auszusteigen. Keine gute Idee!

- Falls Sie unter einer Kombination aus Flugangst und Klaustrophobie leiden: Fokussieren Sie die Tür. Sie ist da. Man kann sie am Boden theoretisch jederzeit öffnen. Unterwegs natürlich auch, aber das wollen Sie nicht wirklich.

- Buchen Sie lange im Voraus den besten Platz. Zum Beispiel weit vorne oder am Gang, wo immer Sie sich sicherer fühlen. Viele Fluggesellschaften bieten die Möglichkeiten, dies im Vorfeld über ein Callcenter zu erledigen, andere nehmen einen kleinen Obolus dafür. Spätestens beim Online-Check-in lohnt es sich, rechtzeitig einen Sitzplatz auszuwählen.

- Bewegen Sie sich vorher. Sei es, dass Sie am Abflugtag noch mal eine richtig lange Joggingrunde einlegen oder am Flughafen stramm an allen Gates vorbeimarschieren. Bewegung baut Stresshormone ab.

- Lenken Sie sich ab. Dabei ist nichts zu blöd. Wie wäre es mit einem Spiel auf dem Tablet, das Ihnen gefällt und Sie fordert? Wenn sie zwischen Panikattacke und Erhöhung des Punktestands wählen können, entscheiden sich durchaus einige Panikkandidaten für das Spiel.

- Konzentrieren Sie sich auf das Ziel. Es gibt einen guten Grund, warum Sie in dieses Flugzeug gestiegen sind: Strand, Sonne, leckeres Essen, romantische Sonnenuntergänge oder neue Abenteuer – alle Lockfaktoren sind legitim.

- Spulen Sie Ihre Routine ab. Wer öfter fliegt, hat meist eine ganz eigene Choreografie: Gepäck einchecken, zwei Zeitschriften kaufen, dann zum Gate...

- Steigen Sie hungrig in den Flieger und nehmen Sie eine

echte Leckerei mit. Zum Beispiel eine fette Tüte vom Lieblings-Hamburgerbräter. Und ja, die geht einwandfrei durch die Kontrolle, wenn kein Getränk dabei ist.

- Gönnen Sie sich eine Massage vor dem Abflug. Vor allem auf Flughäfen in Fernost finden sich des Öfteren kleine Praxen, die 15-minütige Rücken- und Nackenmassagen anbieten. Das lohnt sich allemal.
- Treffen Sie rechtzeitig am Flughafen ein. Wer unter Stress zum Flughafen hetzt ist schon in der richtigen Stimmung für eine kleine Panikattacke.
- Brechen Sie Ihre Ängste auf. Welcher Teil macht am meisten Angst? Ist es der Start? Die Landung? Die gesamte Zeitspanne in der Luft? Ist es das Eingeschlossensein? Oder die Angst, sich unterwegs mit fiesen Keimen anzustecken?

Was definitiv nicht hilft:

- Stundenlang nach Flugkatastrophen googeln.
- Berichte von Überlebenden einer Flugzeugkatastrophe lesen.
- Wahllos jedes Buch über Flugsicherheit lesen. Das eine oder andere wurde wohl von Autoren geschrieben, deren Feingefühl begrenzt ist. 300 Seiten über Katastrophen und warum sie normalerweise so nicht vorkommen, sind nicht beruhigend.
- Hektisch anreisen und in letzter Sekunde zum Gate rennen,
- Anderen beim Beten zuschauen. Philippinische Crews legen auf dem Weg zur Startbahn teils ein öffentliches Gebet ein. Das ist sicher nicht falsch, für atheistische Gäste aber eher gewöhnungsbedürftig – hätte es nicht auch eine technische Wartung getan?

GEFAHR THROMBOSE

Für alle, deren Angstpotenzial noch nicht ausgeschöpft ist, gibt es noch eine Erweiterungsmöglichkeit: die Reise-Thrombose. Spätestens seit sie regelmäßig zu Beginn der Sommersaison in den Medien durchgekaut wird, wissen wir alle: Es gibt sie! Und sie wartet nur auf mich.

Nach ein bis zwei Stunden perlen die ersten Sorgen an die Oberfläche: Klumpt es schon? Schmerzt das Bein nicht ein wenig? Reicht es, wenn ich ab und zu aufstehe? Schließlich weiß man, dass sie sogar viele Stunden nach der Ankunft zuschlagen kann. In der Tat ist es nicht ideal, zwölf Stunden unbeweglich auf dem Sitz zu verharren. Andererseits: Es gibt Menschen, die über Jahre täglich vor dem Fernseher hocken und sich bester Gesundheit erfreuen. Ohne Aufregung reicht es, viel zu trinken, ab und zu aufzustehen, das muss man dank der daraus resultierenden Toilettengänge dann sowieso, und hin und wieder die Beine im Sitzen zu bewegen. Wer bereits unter Venen-Problemen leidet, tut gut daran, sich Thrombose-Strümpfe zu besorgen und diese auch zu tragen. Wer auf Nummer sicher gehen will und an keinem anderen Leiden erkrankt ist, wirft noch eine Aspirin ein, das verdünnt das Blut.

ANTI-FLUGANGST-TRAININGS – WIRKEN SIE?

Ja und nein: Wer unter einer diffusen Flugangst leidet und beispielsweise von der Sorge vor einem Absturz gequält wird, der kann sich hier wunderbar beruhigen lassen. Der

Blick in die Technik und das Gespräch mit einem Piloten können Wunder wirken. Im Grunde funktionieren die Trainings, weil sie eine Fülle von Informationen vermitteln, an die man sonst nicht kommt. Ein guter Ansprechpartner sind die diversen Airlines, schließlich sitzen sie an der Quelle.

Allerdings sollte man die Erwartungen nicht zu hoch schrauben. Verbesserungen darf man sich erhoffen, völlige Symptomfreiheit nicht unbedingt. Allerdings kann ein Flugtraining der Anstoß zu einer positiven Entwicklung sein: Es ist der erste Schritt zum entspannten Fliegen, was wiederum zu positiven Erlebnissen führt und letztlich zu der Erkenntnis: Ist ja doch nicht so schlimm!

WO IST DER BESTE PLATZ?

Man muss keine Flugphobie haben, um sich darüber Gedanken zu machen, wie man aus dem Flieger rauskäme, sollte doch mal etwas passieren. Es gibt einige Tipps, die durchaus lebensrettend sein können:

- Simpel und oft vergessen: Nur wer weiß, wo sich die Notausgänge befinden, kann sie zielstrebig ansteuern. Falls Sie einen der begehrten Plätze an der Tür erwischen, schadet es nicht, die Anleitung zur Notöffnung vorher gelesen zu haben.
- Suchen Sie sich einen Platz, der nicht weiter als sieben Reihen vom nächstgelegenen Notausgang entfernt liegt. Wer mit Kindern reist, ist gut beraten, sich ein bisschen näher an die Tür zu setzen, denn es dauert ein paar Sekunden länger, ein oder gar zwei erschrockene Kinder aus den Sitzen zu schnallen. Die ideale Anzahl der Sitz-

reihen mag je nach Bauart variieren, aber im Notfall zählt jeder Meter.

- Verzichten Sie auf Nylon-Strumpfhosen und tragen Sie anständige Schuhe anstelle von Flipflops, auch wenn Sie dadurch auf das schöne Urlaubsgefühl verzichten müssen. Mit den Plastikschlappen läuft man ganz sicher nicht über ein heißes Stück Metall. Sie ahnen es schon: Auch hochhackige Schuhe sind nicht ideal, und Nylon-Strumpfhosen sind im Falle eines Feuers die Garantie für großflächige Verbrennungen.

- Schließen Sie den Sicherheitsgurt. Das ist so banal wie wichtig. Turbulenzen verlaufen zumeist harmlos, vorausgesetzt man fliegt dabei nicht quer durchs Flugzeug.

- Stopfen Sie das Gepäckfach über dem Sitz nicht mit tonnenschweren Getränken aus dem Duty-free-Shop voll. Bei einer harten Landung öffnen sich die Fächer gerne und der Inhalt verwandelt sich in tödliche Geschosse.

- Zur Sicherheit noch eine halbe Tablette mehr? Das ist der falsche Weg. Wer wie ein Zombie mit Spuckebläschen im Mundwinkel auf dem Sitz hängt, hat im Notfall schlechte Karten. Ansprechbar und einigermaßen reaktionsfähig sollten Sie allemal sein.

BESCHUSS VON UNTEN

Mit dem Abschuss der *Malaysia Airlines*-Maschine Flug MH17 im Jahr 2014 über der Ukraine eröffnete sich für alle Flugphobiker eine neue Dimension der Angst. Rührte diese zuvor noch daher, dass man sich in rund zehn Kilometer

Höhe über der Erdoberfläche befand – viel zu weit oben! –, trat nun der gegensätzliche Aspekt hinzu: Selbst das ist im Zweifelsfall nicht mehr weit genug oben! Nur in seltenen Fällen sind Kriegs- oder Bürgerkriegsparteien im Besitz von Waffen, mit denen sie ein Flugzeug abschießen könnten – zumindest ging man bei den Fluggesellschaften davon aus. *Malaysia Airlines* war beileibe nicht die einzige Airline, die in dem Gebiet unterwegs war.

Aber wie gehen die Fluggesellschaften heute damit um? Eines gleich vorweg: Eine einheitliche internationale Vorgehensweise gibt es nicht, dafür aber eine ganze Reihe von Empfehlungen der nationalen Luftfahrtbehörden, wie der *Europäischen Agentur für Flugsicherheit (EASA)* oder der *FAA (Federal Aviation Administration)*, der Bundesluftfahrtbehörde der USA, und anderen. 2009 wurde zudem die *Safety Management International Collaboration Group (SM ICG)* ins Leben gerufen. Es handelt sich um einen Zusammenschluss von 16 nationalen Luftfahrtbehörden. Ebenso wichtig und richtungsweisend sind die sogenannten *NOTAM (Notice to Airmen)*, aktuelle Hinweise, die den Fluggesellschaften und Piloten zeigen, welche aktuellen Änderungen sich in letzter Zeit im Vergleich zu den Karten sowie im Luftfahrthandbuch des jeweiligen Staates ergeben haben.

Nach eigenen Angaben fliegen *Japan Airlines, Vietnam Airlines* und *Sri Lankan Airlines* derzeit nicht über Krisengebiete wie die Ukraine, den Irak, Libyen oder Syrien. *Scandinavian Airlines* beteuert immerhin, man folge den Anweisungen und Empfehlungen der Behörden (welche auch immer damit gemeint sind) zu den Flugverkehrszonen, Routen über die Ostukraine stünden ohnehin nicht auf dem Plan. Bei *Emirates* heißt es, man fliege derzeit nicht über Israel, Nordsinai, Syrien, Jemen, Libyen, den Süd-sudan, die Ostukraine und die Krim-Halbinsel. Gleiches gelte für den Irak, abgesehen von Flügen mit Zielorten in selbigem Land. Auch *Air France* meidet den Luftraum über dem Jemen, der Ostukraine, Syrien, Irak und Libyen. Zudem verordnet die Sicherheitsabteilung von *Air France* als zusätzliche Vorkehrung eine Pufferzone zwischen den Flugzeugrouten und den »no-fly zones«.

Wahrscheinlich gelten derartige Vorkehrungen auch für viele weitere Airlines, nur leider antworten sie nicht auf Presseanfragen per E-Mail: Ein Mailing an die Presseabteilungen der Airlines in ihrem jeweiligen Heimatland ergab jedenfalls ein erbärmlich mageres Ergebnis von nahezu null Feedback.

Der Fluggesellschaft obliegt es, die nötigen Sicherheitsvorkehrungen zu treffen, dem Fluggast, sich danach zu erkundigen und notfalls so lange nachzufragen, bis er genaue Informationen erhält.

BESCHUSS VON OBEN: IST MOBILFUNK GEFÄHRLICH?

Wer je in China geflogen ist, weiß: Unterwegs ein kleines Schwätzchen per Telefon ist kein Problem. Im Reich der Mitte scheint man grundsätzlich und stetig, allen Anweisungen zum Trotz, auch im Flieger zum Handy zu greifen. Im Moment weiß niemand genau, ob und wie sich Handys auf die Bordelektronik auswirken. Diverse Zwischenfälle legen den Verdacht nahe, dass durch eingeschaltete Geräte beispielsweise die Navigationssysteme beeinflusst wurden. Leider lassen sich diese Situationen nicht reproduzieren und so bleibt es bei der einfachen Regel: Zur Sicherheit müssen Handys ausgeschaltet werden oder im Flugmodus laufen, vor allem in den schwierigsten Phasen, also bei Start und Landung.

GEFÄHRLICHE FLUGHÄFEN

Apropos Start und Landung: Dass sie zu den diffizilen Situationen beim Fliegen gehören, hat nicht nur mit der Technik zu tun. Selbst wenn eine Fluggesellschaft ihre Piloten trainiert und das Fluggerät gut in Schuss hält, den lokalen Gegebenheiten am Flughafen bleibt auch sie unterworfen: Winde, Wetter und vor allem die Lage der Start- und Landebahnen lassen sich nun mal nicht ändern. Auch auf die Gefahr hin, die Basis für ganz neue Flugängste zu legen: So mancher Flughafen verdient es, dass man sich ihm mit viel Respekt und Sachverstand nähert. Dabei liegen die schwierigsten Kandidaten gar nicht unbedingt dort, wo man sie vermutet. So wartet China, einst ein eher unsicheres Flug-Land, heute mit jeder Menge neuer und daher topmoderner Flughäfen auf.

ES WAR EINMAL: LEGENDÄRE FLUGHÄFEN

Für alle, die den Nervenkitzel lieben und denen es gar nicht haarsträubend genug zugehen kann, folgt eine schlechte Nachricht: Der aufregendste Flughafen der Welt, die Königin aller Landebahnen, ist nicht mehr. In *Hongkong Kai Tak* landete 1998 das letzte Flugzeug. Für alle, die mit Flugangst zu kämpfen haben, ist das eine rundum gute Nachricht. Alle anderen vermissen seither den Blick in die Küchen und Wohnzimmer der Hochhäuser neben der

Einflugschneise mitten durch die Hochhausschluchten, die so nah waren, das man schier erkennen konnte, was da gerade auf dem Herd brutzelte. Seit der Schließung reisen die meisten Besucher über den *Hongkong International Airport Chek Lap Kok* an, einen modernen Flughafen, der dank der Fallwinde auch nicht ohne Tücken ist, aber im Vergleich zu *Kai Tak* als Kinderspiel gilt. Auch der *Old Mariscal Sucre International Airport* der ecuadorianischen Hauptstadt Quito war bis 2012 unter Piloten gefürchtet. Dass die Passagiere den Landeanflug gelassen nahmen, lag wohl eher daran, dass sie nicht wussten, wie gefährlich die Landung zwischen den Anden-Gipfeln war. Eine Herausforderung bleibt allerdings bestehen: Da der Name beibehalten wurde, existieren nun zwei Flughäfen, die sich nur durch den Zusatz »alt« und »neu« unterscheiden. Ganz ohne diesen Schnickschnack kommt dagegen der gleichnamige Flughafen *Mariscal Sucre* in Maracay, Venezuela aus. Kann es sein, dass es den Flughafen-Verantwortlichen in Südamerika ein kleines bisschen an Kreativität fehlt?

In Memoriam dieser beiden Herausforderungen muss man allerdings sagen: Es gibt durchaus noch ein paar echte Abenteuer-Flughäfen, wie diese hier:

LUKLA, NEPAL

Ohne Frage, dies ist der Albtraum eines jeden Flugphobikers. Der *Tenzing-Hillary Airport Lukla* liegt auf 2845 Metern Höhe und ist dementsprechend oft von Wolken verborgen. Aber damit nicht genug, erfordern die extremen Windbedingungen und das regnerische Wetter höchste Konzentration bei der Landung. Dem Piloten bleibt nur ein Versuch, denn Durchstarten und ein erneutes Anfliegen sind aufgrund der umliegenden Berge unmöglich. Ein Radarsystem wäre hier sinnvoll, wurde bisher aber aus Kostengründen nicht installiert. Das letzte große Unglück liegt noch nicht lange zurück: 2008 stürzte eine Maschine der *Yeti Airlines* mit 18 Passagieren im Landeanflug ab, einzig der Pilot überlebte. Nebenbei bemerkt: Es gibt nur eine Start- und Landebahn, auf der die Flugzeuge einander hin und wieder auf unterschiedlichen Flughöhen begegnen.

Kein Wunder, dass man sich vor Ort immer wieder entscheidet, kein Risiko einzugehen. Ist der Nebel zu dicht, geht gar nichts mehr. Dann drängen sich schon mal mehrere Hundert oder gar Tausende Reisende am Flughafen. 2011 harrten während einer Schlechtwetterperiode gar um die 3000 Passagiere in Lukla aus.

PARO AIRPORT, BHUTAN

Genau acht Piloten gibt es derzeit weltweit, die in Paro landen dürfen. Zum einen liegt es natürlich daran, dass ausschließlich die einheimische *Druk Air* touristische Flüge nach Bhutan durchführen darf, das reduziert die Anzahl der infrage kommenden Piloten nicht schlecht. Auch die technischen Daten erinnern an den kleinen Bruder in Lukla: eine extrem kurze Landebahn, hohe Gipfel und tückische Winde. Kein Wunder, dass man hier nur bei Tageslicht landen darf.

PRINCESS JULIANA INTERNATIONAL AIRPORT, ST. MAARTEN, KARIBIK

Den Badegästen am Strand von St. Maarten auf den niederländischen Antillen wird einiges geboten. Täglich kreuzen dort die Flugzeuge so tief, dass sie die Maschinen nahezu berühren und optisch die Profiltiefe der Reifen

prüfen können. Und es sind nicht irgendwelche kleinen
Hüpfer, die dort landen, sondern A340 – 400er und 747er
Maschinen der *KLM* und *Air France*.

COURCHEVEL AIRPORT, FRANKREICH

Der erste Eindruck ist verstörend: Hat der Architekt vielleicht die Bauanweisungen für die Start- und Landebahnen
nicht verstanden? Das auffälligste Merkmal des kleinen
Alpen-Flughafens ist die seltsame Bodenwelle, die immerhin eine Steigung von 18,5 Prozent aufweist. Da fällt gar
nicht weiter auf, dass die Bahn mit 525 Metern auch noch
extrem kurz ausfällt.

CONGONHAS AIRPORT SÃO PAULO, BRASILIEN

Für alle, die den Hongkonger Flughafen *Kai Tak* sehr vermissen, ist dies eine echte Alternative: Der Flughafen der
Millionen-Metropole São Paulo ist nicht nur einer der
meistfrequentierten Südamerikas, er liegt auch mitten in
einer Siedlung und wartet mit kurzen Landebahnen auf.
Unter Piloten wird er daher auch scherzhaft als Flugzeug-
träger bezeichnet.

Neben diesen gefährlichen Flughäfen fliegen die Airlines
auch einige andere auf der Welt an, bei deren Anblick sich
die Passagiere hier und da verwundert die Augen reiben.
Beim Landeanflug auf die britische Enklave Gibraltar an
der Südspitze Spaniens müssen die Flieger eine Straße kreuzen, im neuseeländischen Gisborne ist es eine Zugstrecke,
und am *Don Muang International Airport* im thailändischen Bangkok können die Fluggäste bei Start und Landung den Golfern zwischen den beiden Startbahnen beim
Abschlag zusehen und hoffen, dass die Maschine nicht von

einem Golfball getroffen wird. Traumhafte Aussichten für alle Aviophobiker!

ERWEITERUNGSMÖGLICHKEITEN: ANGST VOR DEM KOFFERVERLUST

Sollten Sie unterwegs noch über freies Angstpotenzial verfügen, bietet es sich geradezu an, sich nicht nur um die eigene Person, sondern um den Koffer zu sorgen. Rund 23 Millionen Koffer und Taschen gehen jedes Jahr verloren. Auf tausend Passagiere kommen rund 6,5 verschwundene Gepäckstücke. Bei 3,5 Milliarden Flugreisen im Jahr ist das gar nicht so schlecht. Es sei denn, man steht selbst am Band und schaut zu, wie nur noch ein abgegriffener Karton – natürlich nicht der eigene – traurig die Runde dreht.

Die Ursachen für das Ausbleiben eines Gepäckstücks sind vielfältig. Oft ist es einfach nicht so schnell umgestiegen wie der Besitzer. Es lohnt sich daher, bei der Flugbuchung einen Blick auf die »Minimum Transfer Time« zu werfen, die je nach Flughafen variiert, bei Inlandsflügen zwischen 30 und 60 Minuten, bei internationalen Flügen kann die Zeitspanne weitaus länger sein. Steigt der Reisende gleich mehrmals knapp um und verspätet sich dabei auch nur einer seiner Flüge, braucht man schon Glück, um den Urlaub mit dem kompletten Satz Kleidung zu starten. Profis stopfen daher immer auch einen Satz Wechselklamotten ins Handgepäck, weil sie NICHT zwei Tage im Hotelbademantel herumsitzen wollen, bis der Koffer aus Cookeville/Tennessee schließlich doch noch eintrifft, was immerhin bei mehr als 94 Prozent der Verluste der Fall ist.

Hier und da liegt es auch an Fehl-Etikettierungen, die aber meist aufgeklärt werden. Weitaus ungünstiger ist es, wenn der Koffer im verzweigten Transportsystem der Flughäfen irgendwo, am besten unterirdisch, vom Band fällt und der nächste technische Komplett-Check der Anlage erst in drei Jahren ansteht.

Auch dies ist eine gute Methode, den Koffer auf Nimmerwiedersehen auf die letzte Reise zu schicken: Packen Sie verdächtige Gegenstände ein, und sei es nur eine lustige Imitation aus Plastik. Wetten, die nachgemachte Bombe oder Plastik-Handgranate bereitet dem Sicherheitspersonal viel Freude? Und ehe Sie nachfragen: Ja, das gibt es wirklich. Und nicht nur das, es finden sich Idioten, die so etwas mit voller Absicht kaufen und in den Koffer stecken. Im Zweifelsfall werden diese Gepäckstücke gesprengt. Da hilft es auch nicht mehr, dass man die Adresse beigelegt hat.

Ebenfalls nicht ganz unwichtig ist die Frage, mit welcher Airline man fliegt. Logischerweise gehen diese nicht damit hausieren, wenn sie häufiger Gepäck verlieren. Bis zum Jahr 2008 konnte man im jährlichen Report der *Association of European Airlines (AEA)* immerhin 30 europäische Fluggesellschaften zu diesem Thema vergleichen. Da sich etliche Unternehmen jedoch an den Pranger gestellt fühlten, werden die Daten seither nicht mehr veröffentlicht. Der König in Sachen Gepäckdaten ist übrigens das belgische Lufttransport-IT-Unternehmen *SITA (Société Internationale de Télécommunication Aéronautique)*, das ebenfalls Daten zu Gepäckverlusten erhebt. Auch hier fehlen die Namen der betreffenden Fluggesellschaften.

Wenn es hart auf hart kommt und der Koffer partout irgendwo in Asien oder Afrika bleiben möchte, stehen dem

Reisenden übrigens maximal 1200 Euro pro Koffer zu. Während der Wartezeit darf er sich die wichtigsten Dinge sofort beschaffen, also Kleidung und notwendige Toilettenartikel, muss die Käufe aber begründen können.

WER HAT'S NOCH?

Auch berühmte und reiche Menschen bleiben von Phobien nicht verschont. Whoopie Goldberg und Aretha Franklin bekennen sich öffentlich zu ihrer Aviophobie, genauso wie Jennifer Aniston, Ben Afflek und sogar der Dalai Lama, der nun wirklich einen guten Draht nach oben hat. Die Schauspielerin Wynona Ryder sorgte 2008 für Aufsehen, als sie vor lauter Flugangst ein wenig zu tief ins Medikamentendöschen griff. Die Maschine musste unterwegs landen und der Schauspielerin wurde der Magen ausgepumpt.

DIE BOARDKARTE: EIN FREIBRIEF FÜR KRIMINELLE

Es gibt Leute, die müssen alles online stellen: zum Beispiel ein Foto ihrer Boardkarte auf Facebook oder, noch besser, auf dem Blog. Schaut her, das ist der Beweis, ich bin ein Globetrotter! Oder doch eher ein Globetrottel? Mithilfe der Boardkarte beziehungsweise des aufgedruckten Strichcodes lassen sich jede Menge persönlicher Daten abrufen. Mit der Kombination aus Name und Reservierungsnummer kann nahezu jeder auf der Webseite der Airline die Buchung aufrufen, weitere Flüge reservieren oder den Rückflug umbuchen und natürlich die genauen Adressdaten des Reisenden herausfinden. Sind die Daten in einem Strichcode versteckt, reicht dafür ein kostenloser Strichcode-Leser aus dem Internet. Ein Kinderspiel! Für Menschen, die lieber offline Fehler begehen: Die Boardkarte fahrlässig in einen öffentlichen Mülleimer zu schmeißen ist nicht minder riskant.

DER BOOSTER: ALTERNATIVE LANGSTRECKENBUS

Für flugmüde Reisende empfiehlt sich eine einfache Methode, der Liebe zur Luftfahrt wieder Leben einzuhauchen – eine Langstreckenreise per Bus. Nach Rumänien zum Beispiel.

Laut Fahrplan dauert die Fahrt nach Constanta am

Schwarzen Meer läppische 30 Stunden. Das klingt überschaubar. Nur zweimal schlafen und zwischendurch ein bisschen aus dem Fenster schauen, endlich mal den fetten Krimi lesen, der schon lange auf dem Nachttisch liegt, und vielleicht ein wenig auf dem Handy daddeln, schon ist man da. Immerhin hat der Bus laut Veranstalter sogar WLAN an Bord. Günstig ist es auch noch: Ich zahle keine 200 Euro für die Hin- und Rückfahrt, inklusive jeder Menge Freigepäck: 60 Kilo, da kann man auch mal einen Koffer mehr mitnehmen und jede Menge Geschenke für die Freunde einpacken. Gekauft!

Das erste klitzekleine Problem zeigt sich am Tag der Abfahrt: Wo fährt der Bus eigentlich ab? »Am Bahnhof«, raunzt die reizende Dame am Telefon. Ah ja. Und WO genau? »Das hat noch nie jemand gefragt«, rügt sie mich. Tatsächlich stellt sich die Frage als völlig überflüssig heraus. Als der Bus mit einer halben Stunde Verspätung auf dem Parkplatz neben dem Bahnhof einfährt, begleitet ihn eine weithin sichtbare Qualmwolke. Vielversprechend! Die große Anzahl Passagiere lässt auf eine hohe Popularität von Strecke und Transportmethode schließen. Alle Sitze sind belegt, die hintere Bustür ist nicht mehr zu öffnen, denn vor der Toilette, die während der folgenden zwei Tage natürlich geschlossen bleibt, stapeln sich die Koffer. Jetzt machen sich die zehn Euro Aufschlag für eine Sitzplatzreservierung in der ersten Reihe bezahlt. Murrend trollt sich der pausierende Ersatzfahrer und kriecht in das Kofferfach. Von außen. Ungläubig starren wir auf die Außenklappe. Das ist... innovativ? Lebensgefährlich? Inzwischen hat sich herausgestellt, dass man sich in der Zentrale wohl verrechnet hat. Der überzählige Passagier findet sich schließlich, ziemlich perplex und ohne Sicherheitsgurt, neben dem Fahrer wieder. Die anderen Mitreisenden, teils schon seit Stunden unterwegs, machen einen beunruhigend apathischen Eindruck. Beim Versuch, Vorräte und Handtasche so zu verstauen, dass ich mit den Füßen den Boden berühren kann, ahne ich, warum. Auch die Sache mit dem WLAN war eher eine Option, die – so ein Zufall – in diesem Bus aber nicht vorhanden ist. Eins ist sicher: Wenn die Technik so gut in Schuss ist, wie die Optik vermuten lässt, dann können wir alle nur froh sein, wenn die Bremse funktioniert. Der Fahrer braucht sie oft, denn er hält sprichwörtlich an jeder Raststätte, logisch, vor dem Bus-eigenen Klo stapeln sich ja die Koffer.

Direkt schräg hinter dem Fahrer platziert, bewundere ich in den ein- bis zweistündigen Fahrtabschnitten dazwischen seine traumwandlerischen Kommunikationsfähigkeiten. Mit der rechten Hand pflegt er einen regen Austausch per WhatsApp, in der Linken hält er ein weiteres Handy und telefoniert zeitgleich auf Rumänisch: »Ja...Nein...Bin gerade in Österreich...Frag doch mal deinen Bruder...« Den Bus lenkt er derweil souverän mit beiden Ellenbogen. Draußen ist es längst dunkel, die Innenbeleuchtung des Busses größtenteils defekt, sodass es nur noch hell wird, wenn der Fahrer an den Raststätten die Komplettbeleuchtung anschmeißt. Lesen fällt also auch weg. Dann der erste

Halt auf ungarischem Boden. Kaum sind die Busfahrer im Restaurant verschwunden, zieht einer der Passagiere drei Plastikbecher aus der Tasche und geht vor der Tür in Stellung: Hütchenspiele. Das Klischee lebt! Die Hände fliegen über die Plastikmatte. Wo ist das Geldstück? Rechts? Links? In der Mitte? Der Einsatz ist hoch: 100 Lei, das sind immerhin rund 25 Euro. Dementsprechend ungehalten sind die Verlierer. Nach wenigen Minuten lösen die Busfahrer das Handgemenge auf: »Polizei!«, raunzt der Kofferraumschläfer, das wirkt.

Um die Passagiere zu beruhigen, legt der Fahrer eine DVD ein, und, oh Wunder, die Videoanlage funktioniert. Dumm nur, dass er einen blutrünstigen Schlachtenfilm ausgesucht und den Lautstärkeregler bis an den Anschlag geschoben hat.

Am Vormittag erreichen wir die ungarisch-rumänische Grenze. Die Wartezeit zieht sich, stundenlang. Immerhin, nach der Grenze wird die Landschaft spannender. Was vor allem daran liegt, dass es in Rumänien kaum Autobahnen gibt. Pferdefuhrwerke, alte Bauernhöfe, Senioren, die scheinbar den ganzen Tag an der Straße sitzen. Der Rest des Tages dehnt sich wie Gummi: noch mehr Dörfer, Busbahnhöfe, Tankstellen und wieder Dörfer. Meine Beine sind mittlerweile auf ihr gefühlt doppeltes Volumen angeschwollen.

Es ist weit nach Mitternacht, als der Fahrer den Bus in Bukarest mitten in einem Wohngebiet anhält und die Koffer auf die Straße wirft. Und die Anschlussbusse? »Keine Ahnung. Irgendwo dahinten.« Er will nach Hause. Die 60 Kilo Freigepäck rächen sich nun bitter. Fünf Minuten später stehe ich schweißgebadet vor der Zentrale der Busfirma. Die Anschlüsse sind alle längst weg, der Bus aus Deutschland hatte mehr als fünf Stunden Verspätung. Nach langem Hin und Her, Konsultationen mit der Firma und viel Murren tauchen schließen einige Minibusse auf. Schnell rein, solange noch Platz ist. Dabei wäre die Eile gar nicht nötig gewesen. Nach einer halben Stunde kehrt der Bus noch einmal um, Passagiere aufnehmen, die in der Hektik vergessen worden waren. Einer von ihnen kippt kurz darauf sturzbetrunken bewusstlos vom Sitz. Er wird im Mittelgang verstaut, die Reisetasche unter dem Kopf, dann geht es weiter. Als wir um sechs Uhr früh in Constanta ankommen, sind 40 Stunden vergangen. Und das war nur der Hinweg.

Auf dem Rückweg wiegt man uns kurz in Sicherheit: Die Reise beginnt um ein Uhr nachts, mit einem topmodernen Bus, der nahezu lautlos durch die Landschaft gleitet. Sogar das WLAN-Märchen wird für zwei Stunden wahr. In Bukarest geht es wieder zur Sache: Vor der Niederlassung der Betreiber herrscht völliges Chaos. Hunderte Menschen warten auf die Busse, umgeben von Gepäck und Proviant-Tüten. Wie ein mittelalterlicher Herold tritt schließlich ein Angestellter ins Halbdunkel hinaus. Von der Treppe herunter verkündet er eine Abfolge von Zahlen, Buchstaben und Orten. Es dauert einige Minuten, dann verstehe ich: Kennzeichen! Städtenamen! »G – L – 3-4-5 – H – A – S, Bratislava, Budapest, Wien, Mannheim, Heilbronn«, rattert er herunter. Meine Route! Unter dem donnernden Geräusch der Rollkoffer rennt der Mob los. »Irgendwo dahinten!« Einige Straßen weiter stehen die Busse. Es ist das perfekte Chaos: Wohin fährt dieser Bus? Ist das unser Kennzeichen? Wo steht die Route angeschrieben? Alle schreien und kurven umeinander, drängen sich in die Busse, nur um sie eine Minute später fluchtartig wieder zu verlassen: »Nach Spanien? NEIN! Ich muss wieder raus.« Der Auftakt ist Programm: Wieder ist der Bus uralt, die Fahrer telefonieren und tippen auf den Handys herum, als würden sie dafür bezahlt, an der Grenze zu Ungarn stehen wir sechs Stunden, während einer Polizeikontrolle in der Slowakei kann der Fahrer keinen Fahrtenschreiber vorweisen – »Oh ja, der fehlt«, stellt er überrascht mit einem Blick auf das leere Armaturenbrett fest, als würde er diesen Lapsus erst jetzt gewahr, während der slowakische Polizist nur müde die Augen verdreht und den Strafzettelblock zückt. Immerhin schläft der zweite Fahrer gerade nicht im Kofferraum. Auch diese Fahrt dauert zehn Stunden länger als geplant. Als ich dem Bus nach der Ankunft in Heilbronn nachschaue, malt ein Flugzeug am Himmel Kondensstreifen: Das muss ein Zeichen sein!

2 KLAUSI IST IMMER DABEI

Klaustrophobie ist auf Reisen ziemlich lästig und immer gut für einen Panik-Flash. Manche Länder halten für Klaustrophobiker ganz besondere Herausforderungen bereit.

Wenn sie nicht so unglaublich luftabwürgend, so angsteinflößend, zum Wegrennen schlimm wäre, Klaustrophobie – liebevoll auch als Klausi bezeichnet – könnte durchaus etwas humoreskes haben. Denn mal ehrlich: Natürlich ist ein Aufenthalt im Aufzug völlig ungefährlich. Meistens zumindest. Außer man hat so richtig Pech – wie die Bewohnerin eines Hauses in der chinesischen Stadt Xi'an. Ende Januar 2016 kontrollierten einige Techniker den Aufzug, da wiederholt Störungen gemeldet worden waren, und stellten für die Wartungen den Strom ab. Und da die Arbeiten in die Zeit des Chinesischen Neujahrs fielen, die wichtigste Feiertagsperiode Chinas, kehrten die Techniker erst Anfang März zurück, um die Reparaturen zu beenden. Was sie nicht wussten: Eine Bewohnerin war gerade in den Fahrstuhl gestiegen, als ihn die Techniker stilllegten. Den Rest der Geschichte, die nächsten Tage und Wochen, mag man sich gar nicht vorstellen, Kratzspuren im Lift zeugten später von ihren vergeblichen Versuchen, die Tür zu öffnen. Solche Geschichten sind Klaustrophobikern eine Bestätigung ihrer Ängste. Völlig aus der Luft gegriffen sind diese eben nicht: Klar, die Chance, im Fahrstuhl vergessen zu werden, ist unglaublich gering. Bei den Sicherheitsmängeln sieht es allerdings schon schlechter aus: Laut dem Anlagensicherheitsbericht 2016 der Technischen Überwachungsvereine waren im Jahr davor lediglich etwas mehr als ein Drittel aller überprüften Aufzüge mängelfrei.

Da es in Deutschland keine zentrale Erfassung für Aufzüge gibt, kann auch niemand wirklich überprüfen, ob sie alle regelmäßig gewartet werden. Im Ausland sieht es übrigens kein bisschen besser aus: In gehobenen Hotels darf man davon ausgehen, dass die Betreiber ein Interesse daran haben, dass ihre Gäste auf dem Zimmer und nicht im Aufzug übernachten, in Einkaufszentren und anderen öffentlichen Anlagen muss das nicht zwingend so sein. Und dort, wo Korruption herrscht und ein kleiner Geldschein die technische Überprüfung effizient ersetzt, sowieso nicht. An Zahlen kommt man zwar nur schwer – wer sollte sie auch erheben? –, aber diese will ich Ihnen nicht vorenthalten: In der chinesischen Provinz Kanton blieben 2014 nach offiziellen Statistiken mehr als 14 000 Menschen in Fahrstühlen stecken – und wir reden hier nicht von einigen Minuten.

WO KLAUSI NOCH SO MITFÄHRT

Klaustrophobie beschränkt sich natürlich nicht auf Fahrstühle – was übrigens sowieso nicht so schlimm ist, denn diese lassen sich oft umgehen, sofern man bereit ist, im Hotel zwanzig Stockwerke hinauf über Putzeimer zu steigen und die Zimmermädchen zu erschrecken. Klausi drängt sich mit in die volle U-Bahn, die mitten im Tunnel einfach stehen bleibt und diese Performance mit einem dramatischen Lichtflackern unterstreicht. Sie klammert sich um die Luftröhre, wenn es heißt, sich in den engen Aufzug in Indien zu quetschen, sie mag keine vollen Boote und Tunnel schon gar nicht: Dieses Kapitel folgt nicht ohne Grund direkt auf das über Flugangst, denn viele Menschen, die ungern ins Flugzeug steigen, haben im Grunde keine Angst vor dem Fliegen selbst und fürchten nicht den Absturz, sondern erleben die Enge in der Maschine als unerträglich, genauso wie die Tatsache, dass man unterwegs nicht einfach aussteigen kann (auch wenn man es eigentlich nicht will). Sie fühlen praktisch jeden Zentimeter der dicken Außenhaut, der sie umschließt. Auch das Gedränge nach der Landung, wenn alle Passagiere aufspringen und in den Gepäckfächern herumkramen, die Tür aber noch nicht offen ist, man sie noch nicht einmal sehen kann, weil sich 200 Leute davor drängeln, verursacht bei Klaustrophobikern gerne mal eine Panikattacke.

ERSTE REIHE

Viele Klaustrophobiker sitzen im Flugzeug gerne in der ersten Reihe. Die liegt nah am Ausgang und nah an der Machtzentrale, sprich dem Cockpit, und auch die Stewardessen stehen nach der Landung meist neben einem, das ist irgendwie tröstlich, schließlich können sie die Tür öffnen. Und als Erster aussteigen darf man auch noch. Doch Achtung: Gerade bei kleineren Maschinen tut man in der Economy-Class gut daran, nicht die erste, sondern zweite oder dritte Reihe zu buchen. Auf kürzeren Strecken werden Maschinen eingesetzt, die nicht über eine echte Business-Class verfügen. Stattdessen lässt man einfach den mittleren Sitz der Dreierreihe oder einen der beiden Sitze der Zweier-Konstellation frei. Gibt es mehr Business-Buchungen als angenommen, wird diese nach hinten ausgedehnt und Klausis Buchung ist natürlich hinfällig. Hier und da lohnt es sich auch, nach der Position des Haupteinstiegs zu fragen, denn es gibt Maschinen, deren regulärer Ein- und Ausgang am hinteren Ende des Flugzeugs liegt. Klaustrophobiker sind dann mit der ersten Reihe weniger gut bedient. Profis schauen vorher auf der Website *Seatguru*.

Genauso unerträglich sind große Menschenansammlungen oder auch weniger große Ansammlungen auf kleinem Raum. Die lockere Da-geht-noch-einer-rein-Haltung in vielen südlichen Ländern und die großzügige Auslegung der maximalen Passagierzahl eines Busses oder Zuges sind für einen Klaustrophobiker Grund genug, nach einer Minute zu hyperventilieren und mit dem Countdown für die nächste Panikattacke zu beginnen.

Immerhin steht man damit nicht alleine da: Mindestens sieben Prozent aller Menschen weltweit sind betroffen. Das ist eine ganze Menge! Können so viele Menschen irren?

WIE ENG IST »ENG«?

Für sie alle ist die Wissenschaft der Proxemik interessant, also die Lehre vom räumlichen Verhalten der Menschen untereinander. Dahinter steckt unter anderem die spannende Frage, wo die intime Zone beginnt und wie viel Abstand Menschen einhalten, wenn sie miteinander sprechen, Bus fahren oder ein Konzert besuchen. Die Proxemik erklärt, warum Menschen anderer Kulturen einem aus westlicher Sicht so sehr auf die Pelle rücken oder, völlig unverständlich, auf die Einhaltung eines gewissen Abstands pochen – dies aus Sicht der eher kuschelig veranlagten Kulturen. Gerade für Klaustrophobiker, die nicht gut mit großen Menschenmassen auf engem Raum umgehen können, ist das eine ganz wichtige Disziplin. Es ist nämlich so: Wenn in Finnland und Island der Flughafenbus gefühlt voll und damit abfahrbereit ist, könnte man nach a) deutschem Verständnis noch 30 Menschen oder b) indischem Verständnis noch 60 Menschen hineinquetschen – und wird es auch tun! Je nachdem, wie viel Abstand zwischen zwei Menschen als »komfortabel« angesehen wird, fällt eben die Beurteilung »voll« oder »nicht voll« aus. Dort, wo Menschen sich etwas mehr auf die Pelle rücken (müssen), kann man auch Verkehrsmittel noch ein bisschen dichter packen.

In Mitteleuropa, den USA und Australien beträgt die »intime« Nähe übrigens rund 50 Zentimeter, in Skandinavien noch ein bisschen mehr, im Mittelmeerraum und in Südamerika sind 30 Zentimeter in Ordnung und in Indien kann die Distanz im lockeren Gespräch noch geringer ausfallen. Dies gilt nicht bei einer Unterhaltung zwischen Mann und Frau. Die verschiedenen Haltungen zum Abstand schlagen sich in der Planung von Reisen oder Großereignissen nieder, aber natürlich auch im Alltagsverhalten. Die Frage »Wann ist ein Aufzug so voll, dass niemand mehr freiwillig zusteigt?« wird, je nach Kultur, unterschiedlich beantwortet. Wer in China Aufzug fährt, lernt automatisch eine neue Auslegung der maximalen Belastung kennen. Neben der Proxemik hat das allerdings auch ganz triviale Gründe: Menschenmengen sind in China Alltag, und Regeln sowieso nur grobe Richtlinien, denen man grundsätzlich ein Schnippchen zu schlagen versucht. Im Aufzug bedeutet das: Wenn »Maximal zwölf Personen« draufsteht, dann geht noch was. Ehrlich.

In Singapur wiederum steht das Betreten einer überfüllten U-Bahn unter Strafe, wobei nicht genau definiert ist, wann eine U-Bahn als überladen gilt.

Im internationalen Vergleich kann man getrost nach der Faustregel gehen: Je voller das Land, desto voller die Verkehrsmittel. Gleichzeitig gelten auch die Maximen: Je weniger Geld für Infrastruktur ausgegeben wird, desto voller die Züge und Busse, und: Je alternativloser das Verkehrsmittel, desto überfüllter. Aber auch Länder mit gut ausgebauter Infrastruktur kommen regelmäßig an den Punkt, an dem sich auch im Minutentakt die Menschenmenge nicht mehr bewältigen lässt. Tokio zum Beispiel oder Osaka in Japan sind solche Städte, die einfach so unglaublich große Mengen an Reisenden transportieren müssen, dass sie zu den Hauptverkehrszeiten alle kulturellen Standards in Sachen persönliche Distanz über Bord werfen müssen.

KLAUSIS GEHEIME HITLISTE ÖFFENTLICHER VERKEHRSMITTEL UND VERKEHRSWEGE

DIE U-BAHN VON TOKIO WÄHREND DER RUSHHOUR

Rund 40 Millionen Menschen benutzen sie täglich. Zum Vergleich: 40 Millionen, das ist die Hälfte der Einwohner Deutschlands. In der Rushhour kann es da schon mal eng werden. Ehrlich gesagt ist das die Untertreibung des Jahrhunderts: Jeden Morgen zwischen acht und neun Uhr kommt dort jeden Tag der Albtraum eines jeden Klaustrophobikers zur Aufführung. Weil die im Minutentakt ein- und abfahrenden Züge nicht ausreichen und erst einmal nicht alle Menschen aufnehmen können, drücken seit 1955 sogenannte »Oshiya« die Passagiere zu den Stoßzeiten in die Waggons. Wer sie in Aktion sehen will, der stelle sich während der morgendlichen Stoßzeiten an eine zentrale Station der *Yamanote-Line* – das Sahnehäubchen einer jeden Konfrontations-Therapie. Menschen ohne Phobie machen hier vielleicht doch noch Bekanntschaft mit Klausi. Für den Rest des Tages gilt jedoch Entwarnung. Dank der hohen Frequenz, mit der Züge und U-Bahnen einfahren, kann man später auch mal eine der volleren vorbeirauschen lassen, ohne groß Zeit zu verlieren.

INDISCHE VORORTZÜGE ZUR RUSHHOUR

Wenn es nicht so gefährlich wäre, würde man es dort am liebsten all jenen Reisenden gleichtun, die keinen Platz im vollgepackten Zug erwischt haben und sich stattdessen von außen an den Zug hängen oder auf dem Dach mitfahren. Alternativ tun es auch Fahrten in Bangladesch, Pakistan, Nigeria, Ecuador oder in einem langsamen Zug in China rund um Chinesisch-Neujahr, wenn statistisch gesehen *jeder* Chinese eine Reise unternimmt. Gefühlt sitzen sie dann alle gleichzeitig im Abteil des Klaustrophoben. Oder hat er am Ende sogar recht?

DIE TUNNEL DER DEUTSCHEN BAHN

Manchmal muss man für den Horror gar nicht so weit schauen: dubiose Stopps der Deutschen Bahn im Tunnel, ohne genaue Angabe von Gründen. Derartige außerfahrplanmäßige Halte zehren an den Nerven all jener, die sich mit Tunnels nicht anfreunden können. 2001 ließ ein Lokführer seinen Zug mitsamt den Passagieren eine Stunde in einem Tunnel vor dem Frankfurter Hauptbahnhof stehen, um die Mittagspause nachzuholen. Mit der Unart der Tunnelstopps steht die Deutsche Bahn allerdings nicht allein da. Auf den Frage-und-Antwort-Seiten der französischen SNCF häufen sich Fragen von Klaustrophobikern: Wo sind die Tunnel? Warum hält der Zug immer ausgerechnet dort? Wie kann ich diese Strecken vermeiden?

DIE LONDONER U-BAHN

Oder eigentlich jede U-Bahn, die mehr als 20 Jahre auf dem Buckel hat und unterwegs gerne mal grundlos zum Stehen kommt. Ein Tipp: Als besonders haltefreudig gilt in London die Northern Line. Ob das wirklich stimmt, ist schwer zu sagen. Oft sind es die sogenannten Personen-schäden, die den außerplanmäßigen Stopp verursachen. Wo genau den Lebensmüden die Verzweiflung packt, lässt sich nun mal kaum vorhersagen.

EINE HÖHLENTOUR MIT EINER GROSSEN REISEGRUPPE

Die Erfahrung lebt von überraschenden Engpässen und – Trumpf! – einem in den Fels gehauenen Aufzug, der sich nur unter großen und äußerst peinlichen Mühen umgehen lässt.

DER GOTTHARD-BASISTUNNEL

Für eine fette Portion Tunnel-Klausi müssen Mitteleuro-päer nicht weit fahren. Seit seiner Eröffnung liegt der längste Tunnel der Erde direkt vor der Haustür. Die 57 Kilometer lange Röhre kann man sich nur per Zug antun. Ebenfalls beklemmend: Darauf lastet die weltweit höchste Gesteins-Überdeckung eines Tunnels. Als Alternative bietet sich der *Eiksundtunnel* in Norwegen an. Er liegt 287 Meter unter dem Meeresspiegel und gilt als der tiefste Straßentunnel der Welt. Wer sich der Panik lieber in Asien hingibt, bereist den *Seikan-Tunnel,* der auf fast 54 Kilometern die beiden Hauptinseln Honshu und Hokkaido verbindet. Damit hält er den Weltrekord als tiefster unterseeischer Tunnel: 23 Kilometer davon verlaufen unter dem Pazifik. Auf halber Strecke darf man sich in der Gewissheit suhlen, sich unterhalb von 140 Metern Gestein und 100 Metern Wasser zu befinden. Wenn es um den längsten unter Wasser verlaufenden Abschnitt geht, liegt wiederum der *Eurotunnel* von Calais nach Folkestone vorne. Auf einer Strecke von 37 Kilometern verläuft er unter dem Ärmelkanal. Und natürlich bleiben ab und an Züge in der Röhre stecken: So geschehen im Dezember 2009, als 2000 Passagiere einen Tag lang ausharren mussten, bis die vier Züge aus dem Tunnel gezogen werden konnten. 2014 kam es erneut zu einem Zwischenfall, diesmal saßen zum Glück nur 382 Passagiere fest.

ZUG FAHREN IN JAPAN, CHINA, DER SCHWEIZ, IN FRANKREICH, NORWEGEN UND ITALIEN

Nahezu alle rekordverdächtigen Tunnel, seien es Zug- oder Straßentunnel, befinden sich in den genannten Ländern. Auf Schienen durch das Erdbebenland Japan! Das klingt wie Musik in den Ohren eines Klaustrophobikers. Übrigens: Als 2011 das große Tohoku-Erdbeben den Norden Japans erschütterte, waren natürlich auch Züge unterwegs. Vor allem die Strecken der *Shinkansen*-Highspeed-Züge verlaufen zu einem erheblichen Teil in Tunneln. Die gute Nachricht zuerst: Das Erdbebenwarnsystem funktionierte vorzüglich, alle Züge kamen Sekunden vor dem Beben rechtzeitig zum Stehen und niemand wurde verletzt, obwohl die Erschütterungen so stark waren, dass es selbst noch in Tokio schier die Richterskala sprengte. Die schlechte Nachricht: Die Passagiere, die man in Sicherheit wusste und die deshalb auf der Rettungsliste nicht an erster Stelle standen, mussten bis zu 18 Stunden im Tunnel auf Hilfe warten.

WAS HILFT?

○ Kälte. Sie ist ein wirksames Mittel gegen klaustrophobische Gefühle. Deshalb tut man gut daran, sich nicht zu warm anzuziehen, die Belüftungsdüse im Flugzeug oder im Auto im Zweifelsfall voll aufzudrehen und aufs Gesicht zu richten. Dies suggeriert dem Körper: Kalt! Alles ist gut! Ich rege mich nicht auf! Der Grund ist einfach: Vielen Klaustrophobikern wird als Allererstes »warm«, sie leiden unter Hitzewallungen, wahrscheinlich weil die Durchblutung verrücktspielt. Die körperlichen Symptome abzumildern kann helfen, einige Minuten Zeit zu gewinnen, bevor die Angst zuschlägt. Interessanterweise kann man Klaustrophobiker oft daran erkennen, dass sie überflüssige Kleidung ausziehen. Auch das ist sicher eine instinktive Reaktion, die den Körper abkühlen soll.

- Darüber reden. Natürlich muss man seine lange Leidensgeschichte nicht jedem beliebigen Mitreisenden aufs Auge drücken. Aber es hilft, nicht allein zu leiden und vielleicht sogar einen dummen Witz darüber reißen zu können. Rein statistisch gesehen, muss man die Geschichte sowieso nur wenige Male erzählen, bis man auf einen Leidensgenossen trifft.

- Bewegung. Logisch, das ist in klaustrophoben Situationen nicht immer möglich. Aber manchmal eben doch: Zum Beispiel im Zug, wenn er im Tunnel steht. Einmal den Gang rauf und runter bietet schon gewisse Auslaufmöglichkeiten für Klausi. Damit gibt man erstens dem Fluchtinstinkt ein wenig nach, zweitens kann der Körper das Adrenalin über die Bewegung besser abbauen.

- Richten Sie den Blick auf die Menschen mit Verantwortung: Stewardessen, Schaffner, Polizisten. Sie können nicht nur im Notfall helfen, sondern zeigen auch: Es gibt keinen Grund, sich aufzuregen, auch diese klaustrophobische Situation ist Alltag.

- Klausi aus dem Weg gehen. Wer sagt, dass man auf Reisen immer U-Bahn fahren muss? Tut es nicht auch der Bus? Muss man sich wirklich jeder schwierigen Situation stellen? Zu Hause haben Klaustrophobiker auch ihre kleinen Mechanismen, mit denen sie elegant schwierige Situationen umschiffen: Anstelle der U-Bahn nehmen sie einfach den Bus, sie wissen ja, welche Linie zum Ziel führt, wann die Züge besonders voll sind oder welche Straßenbahn mitten auf der Strecke in einen Tunnel abtaucht. Für die Reise heißt es daher: Recherchieren! Vieles kann man im Netz erfahren, schließlich sind noch andere Klaustrophobiker in der Welt unterwegs. Manchmal reicht es übrigens schon aus, die alternative Route zu kennen, um sich *freiwillig* für die klaustrophobe zu entscheiden, und das hat eine ganz andere Qualität.

○ Langfristig kann man durchaus üben, mit der Klaustrophobie umzugehen. Allerdings darf man hier keine Wunder erwarten: Bis eine Klaustrophobie überwunden ist, kann es Jahre dauern. Andererseits ist jeder kleine Fortschritt ein Glas Sekt wert. Der wahrscheinlich wichtigste Aspekt ist: Nur Sie, und sonst niemand, entscheidet, wann es an der Zeit ist, gegen Klausi vorzugehen. Schmieden Sie einen Plan zur schrittweisen Bewältigung, üben Sie, freuen Sie sich über jeden kleinen Fortschritt, immer in dem Wissen: Ich darf mir ein Taxi leisten, ich muss nicht U-Bahn fahren. Aber ich WILL es jetzt versuchen.

WOHER KOMMT'S?

Für die meisten ist klar: Wer wissen will, wie man Klausi loswird, der muss in Erfahrung bringen, wo die Angst herkommt. Bei der Klaustrophobie ist das leider gar nicht so einfach. Schon die Auslöser sind vollkommen verschieden: Manche Menschen bleiben im Aufzug stecken und erblassen fortan ein Leben lang, wenn sie einen engen Raum betreten sollen, andere lässt es völlig kalt. Viele Klaustrophobiker haben noch nicht einmal ein traumatisches Erlebnis, dem sie die Phobie in die Schuhe schieben könnten. Klausi taucht einfach auf, wann es ihm passt. Und die wirklichen Gründe liegen im Dunkeln. Sicher ist – und das weiß jeder Klaustrophobiker aus eigener Erfahrung –, die

WER HAT'S NOCH?

Ein berühmter Vertreter der Klaustrophoben ist Prinz Charles, der nach eigenen Angaben enge Räume verabscheut und lieber die Treppe als den Aufzug nimmt. Und er kann sich eigentlich sicher sein, dass man ihn immer schnellstens aus dem stecken gebliebenen Aufzug retten würde.

Krankheit hat irgendwie mit Kontrolle zu tun. So können viele Betroffene ohne Probleme mit dem Auto durch einen Tunnel fahren, wischen sich aber nach wenigen Minuten den Angstschweiß von der Stirn, wenn sie es als Beifahrer tun müssen. Das Schlimmste an klaustrophobischen Situationen ist, dass man keine Kontrolle darüber hat, das Flugzeug, den Aufzug, die Menschenmenge oder den Tunnel verlassen zu können. Auch wenn es nicht schadet, den Ursachen auf den Grund zu gehen, es ist ratsam, nicht nur zurück, sondern auch nach vorne zu schauen. Also eher an den Mechanismen zu arbeiten, die Klausi in Schach halten, als seinen Ursprung zu erkunden. Daran beißen sich schon die Psychologen die Zähne aus.

KLAU(STRO)PHOBIKER

Gibt man sich als Klaustrophobiker zu erkennen, wird man hier und da Zeuge, wie sich das Gegenüber unauffällig die Jackentaschen abklopft und einen verstohlenen Blick in die Handtasche wirft: Ist das Portemonnaie noch da? Da kann man schon mal einige Sekunden brauchen, um es zu fassen: Diese Menschen haben nur mangelhafte Kenntnisse der deutschen Fremdwörter und verwechseln ernsthaft Klaustrophobie mit Kleptomanie. Da möchte man fast doch noch das Portemonnaie aus der Handtasche angeln und sich aus dem Staub machen.

SPRACHLICHE HAARSPALTEREIEN

Aber auch Betroffene sind vor Verwechslungen nicht gefeit. Hin und wieder sprechen Klaustrophobiker selbst von Platzangst. Das kann zu lustigen Missverständnissen führen, denn eigentlich bezeichnet der Begriff das genaue Gegenteil, die Agoraphobie, die Angst vor weiten Plätzen oder der Öffentlichkeit generell. Für Klaustrophobiker ist das schwer nachzuvollziehen, denn sie LIEBEN die Weite. Trotzdem treten beide – Agora und Klausi – manchmal auch als Paar auf, zum Beispiel auf einem großen, mit Menschen überfüllten Platz. Die ungenaue Ausdrucksweise birgt das Potenzial für interessante Missverständnisse. In Kulturen, in denen große Menschenmengen die Norm sind, nützt es übrigens auch nichts, wenn man den Begriff in der Landessprache aufsagen kann.

3 EINFACH MAL DRÜBERSTEHEN: IM GRIFF DER HÖHENANGST

Der Infinity Pool ist erst der Anfang: Höher, schwindelerregender, noch mehr Glas und noch mehr Ausblick: Längst wetteifern die internationalen Hotels darum, wer den Allerhöchsten hat. Anderenorts sorgen gläserne Brücken und Aussichtspunkte für den Adrenalin-Flash.

Aus geschichtlicher und kultureller Sicht kann man durchaus nachvollziehen, warum der über 40 Meter hohe Aussichtsturm im Norden von Frankfurt am Main ausgerechnet Johann Wolfgang von Goethe gewidmet wurde, dem prominentesten Kind der Stadt. Dem Dichter selbst hätte der Turm wahrscheinlich wenig Freude bereitet, denn er litt unter extremer Höhenangst. Zwar gelang es ihm, diese mehr oder minder in den Griff zu bekommen, ein passionierter Turm- und Bergkraxler wurde er jedoch nie.

Doch was ist Höhenangst überhaupt – und ab wann gilt sie als solche? Oder anders formuliert: Ist ein Mensch, der unbedingt ein Zimmer im Erdgeschoss braucht (das gibt es wirklich), auch schon davon befallen? Oder gibt es eine offizielle Grenze? Ab wann ist hoch wirklich hoch?

Frei von der Angst vor großen Höhen ist nahezu niemand. Sonst wäre es wohl kaum der Rede wert, wenn wieder einmal ein Skywalk eröffnet wird, der auch Nicht-Phobikern einen Schauer über den Rücken jagt. Die Angst vor der Höhe ist durchaus eine sinnvolle Sache: Wer sich zu leichtfertig der Kante an der Schlucht nähert, riskiert abzustürzen. Wenn jedoch auch der Aufenthalt auf einer Haushaltsleiter Probleme verursacht, dann schränkt das schon die Reisefähigkeit ein. Eine offizielle Definition in Metern gibt es übrigens nicht, für die meisten Akrophobiker sind jedoch Höhen relevant, aus denen sie einen Sturz nicht überleben würden. Rund 5 Prozent aller Menschen leiden unter dieser Angst. Wer sich outet, hat also durchaus Chancen, wenigstens dann und wann verstanden zu werden. Auch Klaustrophobiker und Menschen mit Flugangst dürften diese Phobie nachvollziehen können, immerhin teilen sie sich mit den Akrophobikern einige Symptome: Herzrasen, Zittern, Schwindel, Schweißausbrüche, Atemnot ... Einzigartig ist hingegen der Sog in die Tiefe, dem viele fürchten nicht widerstehen zu können. Gleichzeitig schleicht sich ein Unwirklichkeitsempfinden ein und die Angst, die Kontrolle über den Körper zu verlieren und unbeabsichtigt in die Tiefe zu stürzen.

Nun muss man auf Reisen nicht zwingend jeden hohen Turm besteigen, und auch Berggipfel setzt der Akrophobiker nicht freiwillig auf die To-do-Liste.

Das Problem stellt sich daher oft erst bei der Ankunft im Hotel ein: »Hier ist der Schlüssel, Ihr Zimmer liegt im 15. Stock. Einen schönen Aufenthalt.« Und schon hat man den Salat. Bei aller Planung, es gibt keine hundertprozentige Sicherheit, dass es am Ende nicht doch die Fenster-Suite im 33. Stock wird. Außer man begnügt sich ein Leben lang mit Ferien auf dem Bauernhof – bevorzugt ebenerdig.

WOHER KOMMT'S?

Traumatische Erlebnisse, »Fehlprogrammierungen« durch erlerntes Verhalten... Es gibt eine Menge Gründe, eine Phobie zu entwickeln. Und etliche Indizien, die auf eine gewisse genetische Disposition schließen lassen – auch wenn es längst noch nicht genügend wissenschaftliche Erkenntnisse gibt. Die Mohawk-Indianer galten in Amerika lange Zeit als völlig schwindelfrei, quasi als immun gegen Höhenangst, und waren zu Beginn des 20. Jahrhunderts begehrte Arbeiter auf den Baustellen der Wolkenkratzer. Ob sie wirklich so unglaublich immun gegen Schwindel oder vielmehr zäh und mutig waren, lässt sich heute nicht mehr nachweisen.

Eine handfeste Ursache für den Höhenschwindel ist der fehlende optische Anker: Das Auge versucht naturgemäß die sichtbaren Objekte zu fixieren, was einigen Menschen in der Tiefe nicht so gut gelingt, es fehlen Referenzpunkte. Dadurch wird das Gleichgewicht in Mitleidenschaft gezogen, der Mensch steht nicht mehr sicher. Es handelt sich dabei um eine Art technischen »Defekt« – und da lässt sich durchaus etwas machen.

WAS HILFT DAGEGEN:

- Ganz banal: Halten Sie sich fest. An einem Geländer, an der Wand oder an einem guten Freund, der sich lustige Späße nach dem Schema »Schubs! Hahaha« verkneifen kann.

- Richten Sie den Blick so, dass immer ein nahes, festes Objekt am Rande des Blickfeldes liegt. Das erleichtert dem Gehirn die Stabilisierung und setzt die Distanzen zueinander in Relation. Je mehr Sie in der Peripherie sehen, umso sicher stehen Sie und desto geringer ist die Wahrscheinlichkeit für Höhenschwindel.

- Bleiben Sie am Boden. Schauen Sie nicht nach oben, um vorbeiziehende Wolken, Heißluftballons oder andere bewegliche Dinge zu beobachten. Das verwirrt das Gehirn zusätzlich.

- Tasten Sie sich Schritt für Schritt heran. Ignorieren lässt sich der schreckenerregende Ausblick wohl nicht. Fangen Sie zur Gewöhnung mit kurzen Blicken in die Tiefe an.

- Setzen Sie sich hin. Im Stehen ist der Höhenschwindel am stärksten, eine sitzende Position oder Haltepunkte können dem Abhilfe verschaffen.

- Üben Sie! Höhenangst ist gut behandelbar, nicht zuletzt weil man sich der schwierigen Situation sprichwörtlich meterweise nähern kann, also Schritt für Schritt lernen kann, immer größere Höhen zu bewältigen. Therapeuten empfehlen oft die totale Exposition, sprich: Rauf auf das Hochhaus und so lange oben bleiben, bis die Angst nachlässt. Das ist allerdings nicht jedermanns Sache. Goethe schwor übrigens auf diese Hauruck-Methode.

Mehrfach hintereinander bestieg er das 142 Meter hohe Straßburger Münster, den damals höchsten Kirchturm der Welt, bis er der Höhe gelassen begegnen konnte.

Heute gibt es sogar schon virtuelle Behandlungen bei Höhenangst, zum Beispiel an den Universitären Psychiatrischen Kliniken Basel. Vielversprechend sind auch Trainingsprogramme, bei denen die Teilnehmer lernen, Entfernungen und Höhen besser einzuschätzen.

WO HÖHENANGST ERST SO RICHTIG SPASS MACHT

Allen, die der Akrophobie mal frontal begegnen wollen, sei eine China-Reise wärmstens empfehlen. Zum einen liebt man in der Volksrepublik die Megalomanie: Noch höher, noch moderner, noch wagemutiger muss alles werden! Zum anderen sind chinesische Städte stolz auf rekordverdächtige Bauzeiten. Quasi über Nacht entstehen dort die gewagtesten Konstruktionen. Verschärft wird all dies natürlich durch die Tatsache, dass rund 1,3 Milliarden weitere Menschen (außer Ihnen) gerne diese Sehenswürdigkeiten genießen möchten und das (gefühlt) auch tun. In China muss man also nicht allein über den Skywalk zittern, sondern teilt dieses Erlebnis immer mit der maximalen Auslastungsmenge. So auch auf dem *Walk of Faith* in der Provinz Hunan, einem gläsernen Steg auf 1430 Meter Höhe. Immerhin: Wenn man sich dort vor Angst auf die Schuhe kotzt, macht das gar nichts. Vor dem Spaziergang muss man ein paar weiche Schlappen überziehen – nicht, dass am Ende der Glasboden zerkratzt!

Manch eine gläserne Attraktion wird hin und wieder temporär geschlossen, was man den lokalen Behörden nur zugutehalten kann, denn sie tun es, bevor es zu unangenehmen Zwischenfällen kommt. Beispiele dafür sind der *Mountain Walk* im Yuntai Mountain Geological Park in der Provinz Henan (1080 Meter hoch), der im Oktober 2015 zeitweise geschlossen wurde, nachdem ein Besucher einen Metallbecher hatte fallen lassen, der Risse in der oberen der drei Glasschichten hinterließ. Die 430 Meter lange und in 300 Meter Höhe liegende gläserne Brücke im Zhangjiajie Grand Canyon zwischen den Stone Buddha Mountains in China wurde im August 2016 eröffnet und nach zwei Wochen wieder geschlossen, weil der Besucherandrang zu groß war.

Wer es als Akrophobiker mit der Hauruck-Methode probieren möchte, für den lohnt sich eine Reise nach Kanada zum *Glacier Skywalk* in Alberta. Der Pfad liegt auf fast 300 Meter Höhe und ragt rund 35 Meter über die Klippe hinaus. Oder eine Reise in die Vereinigten Arabischen Emirate oder nach Saudi-Arabien, wo die Kombination aus Geld im Überfluss und Geltungssucht die Bauten nur so aus dem Boden schießen lässt. Anders ist der Trend zur Höhe kaum zu erklären, denn Platz ist in der Wüste definitiv keine Mangelware. Dort stoßen Akrophobiker auf die ultimative Herausforderung, die Aussichtsplattform des *Burj Khalifa* in Dubai auf 550 Meter Höhe. Das ist so surreal, dass das Gehirn die Info gar nicht mehr verarbeitet, und meldet: Das KANN gar nicht echt sein. Seit kurzem nur noch übertroffen durch die 558 Meter hohe Aussichtsplattform des *Mekka Royal Clock Tower Hotels* in Saudi-Arabien.

Wer lieber in China bleibt, findet die dritthöchste Plattform der Welt auf dem *488 Lookout* in Guangzhou (Kanton), in immerhin, der Name verrät's, 488 Meter Höhe.

WAS HÖHENPHOBIKER SONST NOCH MÖGEN

Große Freude bereitet man Akrophobikern mit diesen Attraktionen:

- Tree Top Walks (alias Canopy Walks). Gern auch aus beweglichen Seilen geknüpft oder aus groben Metallgittern gebaut, sodass Höhenphobiker optisch überhaupt keinen Halt mehr finden.
- Schmale Bergpfade. Spaß für Fortgeschrittene, am besten ohne Geländer und natürlich so gelegen, dass man da durchMUSS, weil der Bus auf der anderen Seite wartet.
- Infinity Pools wie der des *Marina Bay Sands* in Singapur. In 190 Meter Höhe gelegen und 150 Meter lang: Da schwimmen selbst abgehärtete Charaktere mental über die Kante!
- Rooftop-Bars. Die höchste liegt derzeit in Hongkong, aber nahezu alle Weltstädte und solche, die es gerne wären, können mit mindestens drei davon aufwarten.
- Hängebrücken, am liebsten in Begleitung von einigen Spaßvögeln, die die Brücken in Schwingung versetzen.
- Seilbahnen, Gondeln, Skilifte. Am besten in Entwicklungsländern, gut sichtbar und notdürftig geflickt, darauf eine Service-Plakette mit unleserlichem Fabrikationsdatum.
- Eine Heißluftballonfahrt.
- Abenteuer-Sportarten wie Drachenfliegen, Bungee Jumping, Fallschirmspringen, Gleitschirmfliegen, Paragli-

ding. Und ja, es gibt Menschen, die so etwas allen Ernstes einem Akrophobiker anbieten.

- Kletterparks und Hochseilgärten. EGAL wie unfehlbar das Sicherungssystem ist.
- Rutschbahnen. Und zwar nicht die Kinderspielplatzinstallationen, sondern die Testosteron-Variante davon. In Los Angeles kann man beispielsweise an der Fassade des *U. S. Bank Towers* aus 305 Meter Höhe eine Rutsche herabflitzen. Das Ganze zieht sich zwar nur über 14 Meter, dafür ist die gesamte Rutsche aus Glas. Das sollte man sich auch ohne Höhenangst ziemlich gut überlegen.

ZIMMER MIT AUSSICHT

Die beste Methode, einen Höhenphobiker um den Schlaf zu bringen, ist die Unterbringung in einem spektakulären Wolkerkratzerhotel, am besten in einem Zimmer mit Fenstern bis zum Boden. Derzeit ist das *Hongkong Ritz Carlton* das höchste Hotel der Welt. Wenn Sie dieses Buch gekauft haben, gibt es wahrscheinlich irgendwo wieder ein Hotel, das ein oder zwei Meter höher ist, aber Höhenphobiker sehen das nicht so eng. Das Ritz Carlton belegt die Etagen 102 bis 118 des *ICC Tower*, also von 425 bis 484 Metern. Diese Variante ist weit verbreitet: unten Büros, oben die tollen Zimmer mit der Aussicht. Auch kleine Hotels mit wenigen Zimmern können also ganz oben liegen.

Hier die Lieblingshotels der Akrophobiker:
- *Ritz-Carlton Hongkong.* Spektakuläre 118 Etagen, 484 Meter Höhe und eine Rooftop-Bar, in der man sich in jeder Hinsicht den Rest geben kann.

- *Park Hyatt Shanghai.* Das Hotel belegt die 79. bis 93. Etage des insgesamt 101 Stockwerke hohen *Shanghai World Financial Centre* (492 m).
- *St. Regis Shenzhen* (China). In der 75. bis 100. Etage des 442 Meter hohen *KK100 Tower* genießt man eine Aussicht bis nach Hongkong, wenn das Wetter mitspielt.
- *Four Seasons Guangzhou* (China). Im 68. bis 103. Stockwerk des *Guangzhou International Finance Center:* cooler Blick nach unten in das 34 Stockwerke hohe Atrium!
- *Grand Hyatt Shanghai* im 421 Meter hohen *Jin Mao Tower.* Auch hier reicht der freie Blick in das Atrium über 30 Etagen nach unten. Im höchstgelegenen Postamt der Welt kann man vorher noch eine Ansichtskarte verschicken.
- *JW Marriott Marquis Dubai.* Es geht 77 Stockwerke hinauf bis auf 355 Meter Höhe. Laut der hauseigenen Website das höchste Hotel der Welt...Das müsste mal aktualisiert werden!
- *85 Sky Tower Hotel Kaohsiung Taiwan.* Gelegen auf 348 Metern, ausgestattet mit dem zweitschnellsten Aufzug der Welt. Zurzeit zumindest.
- *Burj al Arab Dubai.* 60 Stockwerke auf 321 Metern, jede Suite erstreckt sich über zwei Stockwerke.
- *Rose Rayhaan Hotel Dubai.* 333 Meter, war übrigens auch mal das höchste Hotel.
- *Mekka Royal Clock Tower Hotel,* Saudi-Arabien, im 600 Meter hohen Clock Tower. Teile des Hotels sind der saudischen Königsfamilie vorbehalten. Die meisten Leser kommen aber ohnehin nicht in die Versuchung, hier abzusteigen, denn nur Moslems dürfen Mekka besuchen.

Die letzten beiden Hotels kann man sich übrigens auch nicht »klein saufen«, da sie nach islamischen Regeln keinen Alkohol servieren.

Diese gigantischen Hotelbauten, von denen es natürlich noch Tausende andere gibt, die über »nur« 30 oder 40 Stockwerke verfügen, warten gleich mit einer ganzen Reihe von Möglichkeiten auf, Phobiker zu erledigen. Zum einen

SO WIRD EINE ANSTÄNDIGE PHOBIE DARAUS

Schon mal darüber nachgedacht, was eigentlich im Falle eines Brandes passiert? Egal wo in der Welt, Feuerwehrleitern reichen bestenfalls bis in den siebten Stock, danach wird es eng für die Bewohner, die am Fenster winken – die sich in vielen Hotels nicht mehr öffnen lassen, um Selbstmörder von spektakulären Inszenierungen abzuhalten. Sprinkleranlagen und andere Vorkehrungen sind in Hotels der gehobenen Klasse zwar vorhanden, aber nicht zwingend ausreichend. Und in Ländern der Dritten Welt auch nicht immer so gewartet, wie man es sich wünschen mag. Der Fußweg über das Treppenhaus vom 45. Stock bis ins Erdgeschoss zieht sich übrigens recht lange hin. Da ist vor der Reise ordentlich Training angesagt.

sind sie unglaublich hoch. Toller Ausblick. Weiter Horizont. Aber eben nicht für Menschen mit Höhenangst. Der absolute Bonus-Track sind die Fenster bis zum Boden, die dafür sorgen, dass die Gäste fasziniert an der Scheibe kleben – und Höhenphobiker zitternd bis zum Bett kriechen. Um in diese schwindelerregenden Höhen zu gelangen, muss man natürlich Aufzug fahren, denn auch sportliche Menschen gehen vor dem 54. Stock sprichwörtlich in die Knie. Damit man möglichst schnell oben ankommt, führen die Aufzüge zur Lobby meist durch einen Schacht, der zwischen dem Erdgeschoss und dem 25. Stock gar nicht halten kann und auch von außen nicht zugänglich ist. Ein echtes Leckerli für Klaustrophobiker!

4 MIT DER PILLENSCHACHTEL IN DEN KNAST

*Flugangst, Klaustrophobie oder Panikattacken
unterwegs: All das muss ja nicht sein, mag
sich manch einer denken, schließlich hält die
Pharmazie allerhand Gegenmittel parat.*

Mit dem richtigen Medikament bekommt man fast jede
Phobie kurzzeitig in den Griff. Egal, ob Diazepam (Valium),
Lexotanil oder Tavor, sie alle verwandeln panische Rei-
sende in entspannte Gesellen, die man gerne auch an der
Spucke im Mundwinkel und dem milden Lächeln erkennt –
selbst wenn Hühnchen gerade aus ist oder Turbulenzen das
Flugzeug kräftig schütteln. Kein Wunder, dass die gängigen
Beruhigungsmittel in Fachkreisen auch als LMA-Tabletten
bekannt sind – das Kürzel für Leck-mich-am-Arsch.

TESTEN ANSTATT OVERKILL

Wer Beruhigungsmedikamente für den Notfall ein-
packt, sollte sie auch einschätzen können. Vor der
Fernreise ist es daher ratsam, sie ungestört bei einem

Probelauf in den eigenen vier Wänden zu testen. Manch ein ach so verträgliches Mittel erweist sich als regelrechter Hammer – und umgekehrt. Wer dies nicht weiß, torkelt am Ende benebelt in fernen Gefilden am Flughafen herum. Und das ist ganz sicher keine gute Idee.

Nahezu alle wirksamen Medikamente eignen sich aufgrund des Suchtpotenzials nicht für den Dauergebrauch, mag da manch einer einwenden. Aber so ist es ja auch nicht gedacht: Die Anzahl der Situationen mit Reiseangst ist überschaubar, und manch einem reicht es schon, im Notfall eine LMA-Pille bei der Hand zu haben. Alles prima also?

Mitnichten. Die Vorstellungen, welche Medikamente man legal mit sich führen darf, weichen international weit voneinander ab. Während den Zollbeamten in Deutschland und vielen Ländern der Europäischen Union ein paar Beruhigungstabletten kaltlassen, solange sie originalverpackt und offensichtlich für den Eigengebrauch bestimmt sind, verwandeln sie den Reisenden anderswo im Handumdrehen in einen Kriminellen. Was in Mitteleuropa als probates Mittel gegen unnötige seelische Nöte gilt, bringt einem anderenorts eine lange Haftstrafe ein. Kodein, auch in geringen Mengen, ist zum Beispiel in den Vereinigten Arabischen Emiraten illegal, in Japan wiederum gehört das ADHS-Medikament Ritalin zu den verbotenen Substanzen.

Berühmt-berüchtigt und leider wahr ist die Meldung über einen Schweizer Reisenden, der am Flughafen in London ein Mohnbrötchen aß und bei der Landung in Dubai

wegen Drogenbesitzes einkassiert wurde. Einige der Mohnkrümel waren ihm in die Hemdtasche gerutscht. Ganz abgesehen von der Frage, wie man als Grenzbeamter gestrickt
sein muss, um die Hemdtaschen von ansonsten unauffäl-
ligen Einreisenden auf Mohnkrümel zu untersuchen, ist
dies kein Einzelschicksal. In einem anderen Fall klebte
einem Passagier eine mikroskopische Spur Haschisch unter
dem Schuh, andere Reisende hatten einen Restgehalt Beruhigungsmittel im Blut oder fielen durch beeindruckend
winzige Reste von Rauschmitteln auf. Falls Sie sich nun die
Frage stellen: »Wie bitte findet der Zoll Drogenreste im
Dreck unter den Sohlen?«, muss diese leider unbeantwor-
tet bleiben. Offensichtlich lassen die Einreisebehörden in
seltenen Fällen spontane Drogen-Tests und penible Untersuchungen durchführen. Wie zum Beispiel im Fall des
TV-Angestellten Cat Le-Huy: Bei seiner Einreise fanden
Zollangestellte Melatonin-Tabletten in dessen Gepäck, ein
Hormon, das sowohl in Deutschland als auch in Dubai
legal verkauft wird und helfen soll, den Jetlag zu überwinden. Nach einigem Hin und Her – der Zöllner war nur
schwer davon zu überzeugen, dass es sich um harmlose
Pillen handelte – zogen die Beamten alle Register: Urin-
probe und eine Durchsuchung des Gepäcks. Dann, endlich! 0,03 Gramm Haschisch! Eine Menge, die mit bloßem
Auge nicht sichtbar ist und die auf tausendundeine verschiedene Art in einer Ritze der Tasche gelandet sein kann.
Cat Le-Huy verbrachte mehr als einen Monat im Gefängnis, bis er wieder freikam. Für Drogenbesitz, auch in solch
geringen Mengen, werden in den Golfstaaten meist Strafen von vier Jahren aufwärts verhängt. Ob man sie absit-
zen muss, hängt letztlich auch vom Einsatz des jeweiligen
Herkunftslandes ab. Die meisten Touristen reisen jedoch

völlig unbehelligt ein und wieder aus. Trotzdem schadet es nicht, bei der Zusammenstellung der Medikamententasche für unterwegs Vorsicht walten zu lassen. Nicht zuletzt, weil die Arabischen Emirate nicht alleine dastehen, wenn es um strikte Drogenpolitik geht. Auch in Indonesien, Singapur, Malaysia und vielen andern Ländern geht man mit vermeintlichen Drogenschmugglern nicht zimperlich um.

Unangenehm ist es auch, erst am Urlaubsort festzustellen (zum Beispiel bei der Zeitungslektüre), dass die Packung Beruhigungstabletten, die der hilfreiche Arzt zu Hause für eventuelle Klaustrophobieanfälle unterwegs verschrieben hat und die ungenutzt im Reisenecessaire wartet, vor Ort EINZELN jeweils zehn Jahre hinter Gittern und hundert Peitschenhiebe wert sind. Gut, wenn man sie dann so sorgfältig vernichtet, dass sie bei der nächsten Zimmerreinigung nicht zufällig dem Putzpersonal in die Finger fallen.

SCHNELL MAL INFORMIEREN?

Nun könnte man in Anbetracht dieser Gefahren auf den verwegenen Gedanken kommen, sich einfach mal zu erkundigen: Darf ich Medikamente einführen? Und falls ja, welche und wie viel davon? Erster Ansprechpartner für diese Fragen ist die Botschaft des jeweiligen Reiselandes. Vielleicht. Am besten lässt sich das quasi im Selbstversuch, mit einer deutsch- und englischsprachigen Anfrage über die allgemeine E-Mail-Adresse der Botschaften von rund 50 Ländern erfahren, einer bunten Mischung aus Dritter Welt und Industriestaaten, aus allen Kontinenten und diversen Religionen. Gesagt, getan. Der Inhalt der E-Mail war einfach, aber für die meisten Reisenden mit Angstproblemen ziemlich relevant:

1. Ist es legal, mit 5 mg Tavor (Lorazepam) oder Lexotanil (Bromazepam) einzureisen? Drohen dafür Strafen? Was sind die rechtlichen Konsequenzen?
2. Darf man mit einem englischsprachigen Attest die genannten Medikamente mit sich führen? Und wo liegt die Mengengrenze?
3. Gibt es eine legale Methode, beruhigende Medikamente mitzuführen?

Die Ergebnisse sollten eigentlich hier nun in Form einer Liste folgen, doch leider geschah folgendes: nichts. Von den ersten angeschriebenen Botschaften antwortete genau eine: die ägyptische, mit dem Verweis, man möge sich doch an die Tourismusbehörden wenden. Dass der Satz »Man hat mir im Fremdenverkehrsamt gesagt, dass sei o. k. mit den Tabletten« am Zoll einen echten Lachanfall verursachen dürfte (bevor die Handschellen zuklicken), ist wohl jedem klar. Ohnehin versickerte auch diese Informationsquelle, denn die E-Mail an die Tourismusbehörden kam mit dem Vermerkt zurück »Adresse unbekannt«. Man mag es den Ägyptern nachsehen, das Land hat zurzeit andere Probleme. Aber all die anderen Botschaften?

Dann eben ein Blick auf die Webseiten der diversen Länder. Das klingt einfach, kann sich aber als schwierig erweisen, denn natürlich sind die wenigsten mit einem kleinen Button »Zweifelhafte Medikamente« auf der Startseite versehen. Die arabischen Länder wie die Vereinigten Arabischen Emirate oder Oman sind so fair, bereits auf der Hauptseite darauf hinweisen: Drogen in jeder Form sind ein absolutes No-go. Und damit sind auch Drogen gemeint, die im Westen als Lappalien gelten. Von Mohnbrötchen dort ist allerdings nicht die Rede.

Auch Singapur macht es Besuchern vergleichsweise einfach. Auf der Homepage der Health Science Authority findet sich eine ausführliche Liste verbotener Substanzen, die so lang ist, dass man am besten ALLES zu Hause lässt, außer Ibuprofen und Paracetamol, in geringen Mengen.

Für einige Länder gestaltet sich die Suche schwieriger. Generell gilt die Faustregel: Je ärmer das Land, desto weniger Aufwand wird auf den offiziellen behördlichen Webseiten betrieben, und desto weniger Informationen stehen dem Reisenden zur Verfügung. Auf der anderen Seite ist in diesen Ländern die Bereitschaft hoch, das Gepäck des Reisenden so lange zu durchsuchen, bis sich etwas findet. Logisch, dass man erst nach der Zahlung einer Sofortstrafe weiterziehen darf. Ohne Quittung, versteht sich. Wie hoch die Wahrscheinlichkeit einer solchen Behandlung ist, kann man sich in etwa ausrechnen, wenn man einen Blick in den Korruptions-Index der Nicht-Regierungsorganisation *Transparency Internation* wirft. Vor allem in Ländern am unteren Ende der Liste stocken Beamte gerne das magere Gehalt auf. Kurzum, eine generelle Antwort auf die Frage, welche Beruhigungsmittel nun wo auf der Welt legal sind, gibt es nicht.

Doch wie kommt man nun an die nötigen Informationen?

Für Reisen im Schengen-Raum findet man die gewünschten Informationen ohne Probleme: Auf den Seiten des Bundesministeriums für Justiz und Verbraucherschutz[1]

---

1 *www.gesetze-im-internet.de/btmg_1981/*

kann man nachsehen, ob die Tabletten, die man mitführen möchte, auf der Liste der Betäubungsmittel stehen. Falls ja, braucht man eine Bescheinigung vom Arzt. Ein Muster hierzu gibt es auf der Webseite des Bundesinstituts für Arzneimittel und Medizinprodukte[2].

Dieses muss zusätzlich von der obersten Landesgesundheitsbehörde oder einer von ihr beauftragten Stelle beglaubigt werden, meist sind dies die Gesundheitsämter.

Das klingt nach ziemlich viel Theater, zumal man als Reisender aus dem Schengen-Gebiet meist sowieso nicht kontrolliert wird. Wer allerdings öfter mit LMA-Tabletten unterwegs ist, sollte diesen Aufwand vielleicht doch durchlaufen, zumal man das Dokument auch für Fernreisen gut gebrauchen kann. Letztlich gibt es bei diesem Prozedere keine Ausnahme, auch nicht für Kleinstmengen von ein oder zwei Tabletten.

Bei Reisen ins außereuropäische Ausland lohnt es sich, der jeweiligen Botschaft erst per Telefon und dann per E-Mail so lange auf die Nerven zu fallen, bis man eine klare Aussage aus eindeutiger Quelle erhalten hat. Lassen Sie sich unbedingt Namen und Position des beratenden Mitarbeiters geben.

Für die Zukunft gibt es Hoffnung: Das *Internationale Suchtstoffkontrollamt (INCB)* arbeitet an einer Datenbank mit Informationen über internationale Einreiseformalitäten. Auf der Webseite der *INCB*[3] findet man darüber heute schon allerhand Informationen.

---

2 unter *www.bfarm.de > Bundesopiumstelle > Reisen mit Betäubungsmitteln > Formulare > Mitnahme von Betäubungsmitteln bei Auslandsreisen*

3 *www.incb.org/incb/en/psychotropic-substances/travellers_country_regulations.html*

Für einen Vorgeschmack in Sachen Fernreisen finden Sie im Anhang weitere Informationen über das Mitführen verschreibungspflichtiger Medikamente nach Singapur, Australien, Indonesien, die Emirate, Japan, USA und Thailand.

FÜR ALLE FÄLLE

Egal wohin die Reise geht, wer auf Nummer sicher gehen will, sollte unbedingt eine ärztliche Bestätigung in englischer Sprache mit sich führen, die die medizinische Notwendigkeit der Medikamente belegt, und diese in der Originalpackung transportieren. Es ist ratsam, sich bei Psychopharmaka auf das Notwendigste zu beschränken. Für den Ernstfall reichen auch einige wenige Tabletten, der Rest des Packungsinhalts bleibt zu Hause.

Nicht zuletzt gibt es auch die Möglichkeit, vor der Reise eine schriftliche Genehmigung der jeweiligen Behörde im Reiseland einzuholen. Allerdings tut man gut daran, mindestens zwei Monate vor Abflug damit zu beginnen. Rechnen Sie nicht mit einer schnellen Antwort.

FOLGENDE INFORMATIONEN SIND AUF EINER ORDENTLICHEN ÄRZTLICHEN BESTÄTIGUNG VERMERKT:

- Name und Dosierung des Medikaments (Markenname und Inhaltsstoff)
- Mitgeführte Menge
- Eine medizinische Begründung, wozu das Medikament gebraucht wird, beispielsweise Flugangst
- Name des Patienten, Flugdaten und Aufenthaltsdauer, Passnummer, Adresse, E-Mail-Adresse

- All dies natürlich auf Englisch und/oder in der Landessprache. Dazu kommt das Originalrezept.

Deutsche Ärzte reagieren wenig begeistert, wenn sie englischsprachige Bescheinigungen ausstellen sollen. Für diesen Fall greifen Sie auf die erwähnte Vorlage des Bundesinstituts für Arzneimittel und Medizinprodukte zurück.

ANDERE DROGEN

Neben den Psychopharmaka gibt es natürlich noch allerhand andere Drogen – und leider auch jede Menge Reisende, die es cool finden, beispielsweise am Strand von Bali öffentlich einen Joint zu rauchen. Das geht erstaunlich oft gut. Die Tourismusbehörden möchten schließlich nicht ihre Klientel vergraulen – die erholungsfreudigen Australier und Urlauber aus dem Westen. Allerdings geht dieses kontrollierte Wegschauen nur so lange gut, bis der lokale Polizeichef ganz dringend seine Quote an Verhaftungen erfüllen muss. Dass in Indonesien auf den Genuss von Drogen die Todesstrafe steht, scheint den meisten Urlaubern nach einiger Zeit zu entfallen. Überhaupt, wo liegt Bali eigentlich noch mal genau?

In anderen Ländern könnte man gar auf die Idee kommen, der Konsum von Drogen sei legal. Wer jemals abends in Malé, der Hauptstadt der Malediven, einen Spaziergang unternommen hat, der weiß, wovon die Rede ist. Ein großer Teil der einheimischen Jugendlichen blickt mit glasigem Blick in die Runde, und es ist nicht der Alkohol, der ihnen die Sinne vernebelt. Laut Schätzungen des *United Nations Development Program* nehmen rund 40 Prozent aller Jugendlichen auf den Malediven harte Drogen, obwohl auf den Besitz von mehr als einem Gramm Heroin bis zu 25 Jahre Gefängnis stehen. Immerhin: Dieses befindet sich auch auf einer abgelegenen Insel mit idyllischer Aussicht. Für alle, die schon mal einen Blick darauf werfen wollen, einfach »Prison Story Maldives« in einer gängigen Suchmaschine eingeben.

5 EXTREMSPORT: DAS HAT BISHER NOCH JEDER ÜBERLEBT

Wer je in Neuseeland war, weiß: Wenn es um landschaftliche Schönheit geht, ist das kleine Inselreich kaum zu übertreffen.
Und weil die Menschen dort ausgesprochen freundlich sind, gehört es zu den Traumzielen vieler Deutscher.
Doch irgendetwas muss auch dort im Argen liegen. Warum sonst sollten die Neuseeländer auf Teufel komm raus ihrem Leben in der Idylle ein schnelles Ende setzen wollen?

Wo Europäer beeindruckende Landschaften sehen, hohe Berge und atemberaubende Schluchten, wilde Bergflüsse und tiefe Seen, wo Reisende seufzend ob all der Schönheit innehalten, sehen Neuseeländer vor allem Möglichkeiten, ohne jede Sicherung hinaufzukraxeln, sich im freien Fall herunterzustürzen, in atemberaubendem Tempo herunterzurasen oder sonst irgendwelchen Schabernack zu treiben, auf den ein normaler Mensch seinen Lebtag nicht gekommen wäre. Nicht umsonst wurde das kommerzielle

Bungee-Jumping zuallererst in Neuseeland eingeführt, und zwar 1988 auf der Kawarau Bungy Bridge, die heute noch fleißig mit ihrem Veteranenstatus wirbt. Auch die folgenden Extremsportarten wurden in Neuseeland erfunden.

(Achtung an all jene, denen schon beim Lesen schlecht wird, einfach auf Seite 82 weiterlesen):

ZORBING

Aufrecht stehend, zumindest für die ersten zwei Sekunden, in einer gigantischen Plastikkugel mit bis zu 50 Kilometern pro Stunde einen Hang hinunterkugeln. Das ist nichts für Menschen, die schon auf der Fähre nach England grün anlaufen oder zu Drehschwindel neigen.

DIE EXTREM-SCHAUKEL

Die *Nevis Swing* hat eine Schwungweite von 300 Metern, beschleunigt auf bis zu 120 Kilometer pro Stunde und hält damit den Weltrekord. Sollte den Reisenden hier die Übelkeit überwältigen, kann man mit einem maximalen Streu-Effekt rechnen.

HELI-BIKING

Mit dem Helikopter auf den Berggipfel fliegen und dann auf Skiern abfahren war gestern. Echte Adrenalin-Junkies rasen lieber gefühlt senkrechte Abhänge mit dem Mountain-Bike runter.

JET BOATING

Wie könnte man selbst auf flachem Wildwasser noch richtig beschleunigen? Auch dort, wo ein Propeller nicht mehr einsetzbar ist? Natürlich war es ein Neuseeländer,

Bill Hamilton, der 1953 den Vorläufer des Jet Boats erfand.

Das Gefährt funktioniert mit einem Wasserstrahlantrieb und erlaubt enorm wendige Manöver. Logisch, dass es dabei immer wieder zu Kollisionen kommt, wahlweise mit anderen Booten oder Felsen.

JET SPRINTING

Wem ein Ausflug mit einem gängigen Jet Boat zu langweilig ist, findet im *Jet Sprinting* eine Steigerung. Anbieter werben damit, dass die Flitzer in 2,5 Sekunden von 0 auf 100 beschleunigen. Im Klartext: der Körper rast auf den Horizont zu, während der Magen noch am Steg wartet.

BLACK WATER RAFTING

Das *White Water Rafting* hat seinen Namen von den weißen Schaumkronen der wilden Gewässer, die der Abenteurer per Floß (Raft) bezwingt. Beim *Black Water Rafting* ist das Wasser also schwarz – es findet schließlich auch im Inneren einer Höhle statt.

SKIPLANE FLYING

Schwer zu sagen, ob es wirklich im Land der Kiwis erfunden wurde ... aber irgendwie ist diese irre Idee absolut typisch für Neuseeland: Mit einem kleinen Flugzeug, das mit Ski-Kufen versehen ist, fliegt man erst wagemutig durch die Berge, um dann auf einem Gletscher oder anderen Eisflächen aufzusetzen.

BLOKART

Eine dreirädrige, schlanke Seifenkiste, ein Segel dran, fertig ist der Blokart, mit dem man unglaublich schnell über den Strand flitzen kann. Oder über Parkplätze und Eis. Und weil die Dinger faltbar sind, weiß man nie genau, wo einem solch ein Gefährt begegnet. Besonders gut stehen die Chancen am Ninety Mile Beach an der Ostküste der Nordinsel. Platz genug ist ja. In manchen Broschüren wird der Blokart übrigens vollmundig als Land-Jacht bezeichnet.

Logisch ist auch, dass die einzige künstliche Rennstrecke ebenfalls in Neuseeland liegt, genauer gesagt in Papamoa nahe Tauranga.

FLY BY WIRE

Kennen Sie noch die kleinen Batterie-betriebenen Flugzeuge, die man mit einem Faden an der Decke befestigte und die dann fleißig im Kreis flogen? Nach diesem Prinzip funktioniert *Fly by Wire*, mit dem klitzekleinen Unterschied, dass die Passagierkapsel eine achtförmige Bahn beschreibt.

KITE BUGGY

1990 kombinierte der neuseeländische Drachenbauer Peter Lynn erstmals einen Zugdrachen mit einem vierrädrigen Buggy. Der *Kite Buggy* war geboren. Er macht sich ganz wunderbar auf den weitläufigen Stränden Neuseelands und ist bis heute dort besonders oft zu finden. Auch dieses Ding ist nichts für schwache Nerven.

QUADSKIING

Es gibt sie wirklich, die Transformers, und zwar in Form eines in Sekunden umbaubaren Fahrzeugs, das sowohl auf der Straße als auch zu Wasser fährt – und das auch darf! Bei Wasserkontakt zieht der *Quadski* auf Knopfdruck die Räder ein und rast auf dem Wasser weiter, mit bis zu 72 Kilometern pro Stunde.

SCREE RUNNING

Zugegeben, das ist keine rein neuseeländische Sportart, denn unter dem Begriff »fell running« kann man auch in Schottland auf eine Spielart dieses Irrsinns stoßen. *Screes* sind steile, mit kleinen Kieselsteinen bedeckte Hänge, die landwirtschaftlich nicht genutzt werden können, auf denen man sich aber wunderbar das Bein brechen kann, wenn man sie ungebremst zu Fuß herunterrennt. Sobald man lossprintet, setzen sich auch die kleinen Steinchen in Bewegung, sodass man quasi den Boden unter den Füßen verliert.

RIVER SURFING

Mit dem Brett über die Wellen, dafür braucht man in Queenstown an den neuseeländischen Südalpen kein Meer: Auch ein Bodyboard und die Wellen des Kawarau River sorgen für ordentlich Nervenkitzel.

SHWEEB

Der Begriff »human-powered monorail« klingt ein bisschen nach Draisine-Fahren und ist gänzlich irreführend. In Wirklichkeit handelt es sich um eine Art Schwebebahn auf Ekstacy im Rohrpost-Design. Ähnlich wie die brave Wuppertaler Variante hängen die Kabinen des *Shweeb* unter dem Gleis, wobei sich mehrere Kabinen miteinander verbinden lassen. Vielleicht wurde deshalb ein Name gewählt, der an das deutsche Wort »schweben« erinnert? Auch die Tatsache, dass die Kabinen per Muskelkraft betrieben werden, sollte den Fahrgast nicht in Sicherheit wiegen. Die kleinen Dinger beschleunigen mordsmäßig schnell, auf bis zu 60 Kilometer pro Stunde bei Einzelkabinen und mehr als 70 Kilometer pro Stunde, wenn man sie miteinander verbindet. In den Kurven fliegen sie auf bis zu 60 Grad aus der Vertikalen.

SKY JUMP

Sich in der Pampa kopfüber von der Brücke zu stürzen, das reichte den Städtern Neuseelands nicht, sie wollten ein ureigenes Adrenalin-Erlebnis direkt vor der Haustür. Was vor Ort gar nicht so einfach ist, denn die meisten Häuser sind nur ein Stockwerk hoch. In Auckland fand sich aber doch ein hohes Gebäude – und ein Irrer, der es versuchen wollte. Seither kann man sich, durch ein Kabel gesichert, vom *Auckland Sky Tower* aus 192 Meter Höhe herunterstürzen und eine Geschwindigkeit von bis zu 80 Kilometern pro Stunde erreichen.

Die geballte Ladung all dieser durchgeknallten Ideen holt man sich am besten in Queenstown, nach eigenen Angaben die Abenteuer-Hauptstadt der Welt. Man mag es sofort glauben: Während über der Stadt Drachenflieger ihre Kreise ziehen, kreuzen immer wieder Mountainbiker mit irrsinnigen Geschwindigkeiten den Weg des Spaziergängers. Nicht weil diese Rüpel wären, sondern weil sie einfach nicht mehr bremsen können.

All diese unglaublichen Aktivitäten erscheinen in Neuseeland so normal, dass selbst ausgewiesene Feiglinge auf den folgenschweren Gedanken kommen: »Wenn alle das machen, kann es ja so schlimm nicht sein.«

Offenbar verschwenden die meisten Neuseeländer kaum einen Gedanken daran, dass man sich bei all diesen lustigen Hobbys die Knochen brechen könnte. »She'll be alright«, heißt es achselzuckend. Wahrscheinlich handelt es sich bei dieser Suche nach dem ständigen Kick um eine unbewusste Methode, mit der Tatsache klarzukommen, dass Neuseeland weder giftige Insekten oder Schlangen noch gefährliche Säugetiere kennt. Auch giftige Pflanzen gibt es kaum. Es ist zwar einiges dabei, was man nicht essen sollte, aber wenig, was einem bei einer Begegnung gefährlich werden könnte.

Und so gibt es kaum Angriffe wilder Tiere, dafür aber immerhin eine staatliche Statistik der *NZ Transport Accident Investigation Commission* über sogenannte »Zwischenfälle« im Abenteuersport, also bei all jenen spannenden Tätigkeiten der obigen Liste (Wintersport wird separat erhoben). Erstaunlicherweise wurde 2012 kein einziges tödliches Ereignis registriert. Interessant ist aber auch:

- Bei 71 Prozent aller Unfälle haben die Teilnehmer die Anweisungen nicht befolgt. »Zieh die Reißleine! Jetzt!«
- 59 Prozent aller Verletzten waren weiblich. Zögern Frauen vielleicht zu lange?
- 90 Prozent aller Unfälle fanden unter Aufsicht eines qualifizierten Instruktors statt.

Angstschisser geraten übrigens niemals freiwillig in derartige Situationen. Nein, es sind die Freunde und Bekannten, die den ansonsten so Vorsichtigen ins Unglück stürzen. Sätze wie »Das habe ich schon ganz oft gemacht«,

»Da passiert eigentlich nie was« oder die beiläufig gestellte Frage, ob man denn seefest sei, sind Indizien dafür, dass man in der nächsten Viertelstunde weggeschleudert wird, und zwar mit einer Höllengeschwindigkeit, wahlweise bergauf, bergab oder in der Horizontalen.

WAGEMUT KENNT KEIN ALTER

Wie wär's mit einem Tandem-Fallschirmsprung über der Südinsel? Das neuseeländische Fremdenverkehrsamt bietet besuchenden Journalisten ordentlich Nervenkitzel, wie es sich für eine echte Action-Destination gehört. Ich lehne dankend ab: Als Selbstständige kann ich mir weder einen gebrochenen Knöchel noch andere gesundheitliche Komplikationen leisten. Außerdem lässt mich schon die Vorstellung, aus einem Flugzeug zu springen, nachts aus dem Schlaf schrecken. Kein Problem, dann kneift die feige Deutsche eben.

Bei meiner Ankunft am Flughafen in Queenstown wartet schon Ted auf mich, ein rüstiger und leutseliger Mittsiebziger, seines Zeichens Anwalt im Ruhestand, der hier und da noch als Abholer für das Fremdenverkehrsamt arbeitet. Unterwegs plaudern wir ein wenig. Über das Wetter, Schafe, den Zustand der neuseeländischen Landwirtschaft und über *Sky Jumping.* »No need to be afraid, I just did it last week, it was fabulous«, lässt er mich wissen. Na prima. Sogar die Senioren lassen mich in Neuseeland alt aussehen.

DER STAAT MACHT MIT

Tröstlich ist immerhin (und eine gute Begründung für den neuseeländischen Irrsinn): Alle eventuellen Schäden sind von vornherein abgedeckt. Die Frage, ob man als Unfallopfer vor Gericht ziehen sollte, stellt sich erst gar nicht, denn die *New Zealand Accident Compensation Corporation* entschädigt alle Unfallopfer. Auch verunglückten Ausländern bietet die Versicherung Schutz. Eine enttäuschende Nachricht für Amerikaner: Im Gegenzug ist es nicht möglich, auf Schadensersatz *(Personal Injury)* oder Schmerzensgeld zu klagen, solange keine Fahrlässigkeit des Veranstalters vorliegt.

DER SCHNELLE KICK

Zartbesaitete stellen sich für den schnellen Kick einfach einige Minuten vor die Flyer-Stellwände, wie sie in jedem Hotel zu finden sind: Bis zu 300 Action-Programme werden hier auf Hochglanzpapier präsentiert, das eine atemberaubender als das andere. Und es ist ein ziemlich gutes Gefühl, zu wissen, dass sie allesamt freiwillig sind!

MEHR GEHT IMMER

In Anbetracht der schieren Fülle von Herausforderungen sollte man nicht glauben, es gäbe nicht hier und da die Möglichkeit, die Neuseeländer zu übertreffen – auch wenn es ziemlich schwer ist. Die höchste Bungee-Brücke der Welt steht beispielsweise in Südafrika, einem Land, das ebenfalls durch einen sehr entspannte Haltung zu Abenteuer und Spaß auffällt. Von der Bloukrans Bridge in Storms River geht es immerhin 216 Meter im freien Fall nach unten. Auch in Sachen *Flying Fox* hat sich Südafrika so richtig ins Zeug gelegt: Die schnellste Zip-Line, sagenhafte zwei Kilometer lang, wartet in Sun City. Geschwindigkeiten bis zu 160 Kilometern pro Stunde erfordern dort besondere Vorkehrungen: Die wagemutigen Zipper werden wie Rollbraten eingepackt und mit dem Kopf voran auf die Strecke geschickt.

Doch auch diese Freude am Kick lässt sich noch steigern. Denn während in Neuseeland und Südafrika immerhin westliche Sicherheitsstandards bei Verarbeitung und Betrieb herrschen, sieht man das in der Dritten Welt nicht ganz so eng, und im Falle eines Unfalls dürfte der Besuch der lokalen Krankenstation ebenfalls ein spannendes Erlebnis werden. Meine Favoriten in dieser Disziplin sind *White Water Rafting* an den Victoriafällen in Sambia, *Volcano Boarding* in Nicaragua (auf einer Sperrholzplatte mit bis zu 90 Stundenkilometern die Hänge eines aktiven Vulkans herunterrasen) und *White Water Rafting* auf dem Sun Koshi in Nepal, dessen Stromschnellen liebevoll »Fleischwölfe« genannt werden.

FLYING FEAR IN DEN ANDEN

»Bremsen?« Julio legt die Stirn in Falten, als habe noch nie irgendjemand ein so abwegiges Anliegen vorgebracht. »Das willst du doch gar nicht!« »Oh doch!«, denke ich und blicke in den Abgrund hinunter, der sich vor meinen Füßen auftut: Nebelwald, so weit das Auge reicht, allerdings in gut 100 Meter Tiefe. Darüber ein dünnes Stahlseil, das ins Nichts zu führen scheint. Keine zweite Back-up-Leine, keine Sicherung. Für einen kurzen Moment versuche ich mich zu erinnern: Warum habe ich mich auf diese hirnrissige Idee eingelassen? Wollte ich wirklich an einem Seil über tiefe Anden-Schluchten rutschen? Und wie peinlich wäre es, wenn ich jetzt wieder umkehren würde? Julio, ein hipper Mittzwanziger, klinkt derweil das Halteseil in meinen Harnisch und streift mir einen Handschuh über, an dessen Rückseite mit zwei Plastik-Kabelbindern ein dickes Stück Rinde befestigt ist. Meinen verdutzten Blick kommentiert er kurz mit »Bremse. Wolltest du doch« und demonstriert noch kurz, wie ich die Rinde auf das Seil halten muss, ohne mir dabei den Finger abzusäbeln. Sieht einfach aus, dieses System, und ist garantiert ökologisch wertvoll. Meine Kopfhaut kribbelt, mir wird warm, für eine letzte Sekunde bin ich sicher, dieses Abenteuer nicht zu überleben – und ich leide noch nicht einmal an Höhenangst, sondern hege nur eine gesunde Skepsis gegenüber wagemutigen Installationen in der Dritten Welt. »Gerade erst erneuert, da ist noch nie was passiert«, beschwichtigt mich der Instruktor und zieht kurz fachmännisch am Stahlseil, fast als könnte man so die Qualität überprüfen. Die nächsten Sekunden, gefühlte Stunden, verschwimmen in meiner Erinnerung. Fünf Mal geht das so, fünf Strecken mit dem *Flying Fox*, bis wir wieder in der Nähe der Basis ankommen. Das Ergebnis: Ein Adrenalin-Flash fürs Geschichtsbuch und ein mentaler Vermerk, nein, eine fette Gravur, mich NIE wieder zu solch einem Wagnis bequatschen zu lassen, und schon gar nicht in einem Land mit dubiosen Sicherheitsstandards. Zurück in Deutschland, erfahre ich, dass die Zip-Lines in Ecuador keinerlei staatlichen Kontrollen unterliegen und hier und da die Seile eben doch reißen. Beispielsweise 2012 in Mindo oder 2016 in der Nähe von Bucay, mit jeweils einem Todesopfer.

Manchmal kann man – egal wo auf der Welt – sogar mehrere Phobien gleichzeitig bedienen. Beim *Shark Cage Diving* in Australien oder Südafrika lassen sich Klaustrophobie (enger Käfig! Keine sofortigen Ausstiegsmöglichkeiten!) und die Angst vor großen Raubtieren (wir reden hier von Weißen Haien) verbinden.

Noch einen Hauch fieser ist das *Crocodile Cage Diving*: anderes Tier, gleiches Prinzip, und alles noch ein wenig schneller, denn Krokos fackeln nicht lange. In der australischen Crocosaurus Cove nennt sich die 15-minütige Begegnung »Käfig des Todes«. Und das hat nicht nur mit dem Sinn für Dramatik zu tun, denn so ein lästiger Käfig kann Krokodile auch nicht unbedingt davon abhalten, nach dem verführerischen Zwischensnack zu schnappen.

6 WAS KRABBELT DENN DA?

Ungeziefer, Spinnen, Kakerlaken: Unterwegs können Insekten-Phobiker ihr Angst-Repertoire enorm erweitern. Und alle anderen Reisenden auch.

Es ist Nacht, im Zimmer sind nur noch Schemen zu erkennen: Bett, Stuhl, ein kleiner Tisch, die Ausstattung des Hotelzimmers in der taiwanesischen Stadt Tainan ist mager, genauso wie der Preis. Still ist es auch, bis auf ein unangenehmes Kratzen auf dem Nachttisch. Kratzen? Kratzen?? Sofort sitze ich senkrecht im Bett, taste im Halbdunkel nach dem Lichtschalter. Was bitte könnte in meinem Hotelzimmer solche Geräusche verursachen? Im schummerigen Schein der Nachttischlampe ist auch erst einmal nichts zu sehen, außer der Cola-Dose auf dem Nachttisch. Und zwei Beinpaaren, die sich in der Dosenöffnung hektisch abstrampeln. Halb drin, halb draußen ist ganz offensichtlich etwas stecken geblieben. Etwas Großes. Eine riesige Kakerlake. Die kleinen Härchen auf den Beinen flimmern im Licht, während das Insekt lautstark mit der Cola-Dose ringt. Was nun? Draufhauen und das ekelhafte Vieh in der Brause ertränken? Aber womit? Oder die

Cola-Dose schnell vor die Zimmertür stellen? Keine gute Idee, der zentimeterbreite Spalt unter der Tür lädt geradezu zur Rückkehr ein. Mit einem beherzten »Plopp« schlage ich mit meiner Gute-Nacht-Lektüre auf die Kakerlake und fülle die Cola-Dose mit Wasser. Es dauert eine nervenzer-

WARUM SIND TROPISCHE INSEKTEN SO RIESIG?

Eigentlich muss man nicht unter einer Insektenphobie leiden, um in warmen Gefilden an die Grenzen der eigenen Tierliebe zu stoßen. Es gilt die Faustregel: Je wärmer und feuchter das Reiseland, desto größer, zumindest bei Insekten und Krabblern, bei denen sich an der Größe drehen lässt: Kakerlaken, Spinnen, Käfer und Fliegen, alles in XXL-Ausgabe. Doch warum eigentlich? Dass sie nicht noch größer ausfallen, hängt mit dem Atemsystem zusammen. Anders als Wirbeltiere besitzen Insekten keine Lungen, sondern Tracheen, ein Netz aus Luftröhrchen, das den gesamten Körper durchzieht und ihn durch Diffusion mit Sauerstoff versorgt. Je höher die Temperatur, desto höher die Diffusionsgeschwindigkeit. Es ist also kein Wunder, dass Insekten in feuchtwarmen Ländern so groß werden. Außerdem bieten die Tropen und Subtropen rund ums Jahr

mürbende Viertelstunde, bis das Tier abgesoffen ist. Mentaler Vermerk: Keine offenen Getränke im Zimmer stehen lassen. Kakerlaken können Essbares über erstaunlich weite Strecken riechen.

beste Lebensbedingungen für Insekten. Es ist warm, eine magere Jahreszeit gibt es nicht, das Nahrungsangebot ist schier unerschöpflich. Doch auch in den Tropen sind dem Wachstum Grenzen gesetzt, denn je größer das Insekt, desto länger ist der Weg, den der Sauerstoff durch die Tracheen zurücklegen muss. Ohnehin müsste man die Frage nach der Größe eigentlich andersherum stellen: Warum sind unsere mitteleuropäischen Insekten so klein? Zum einen ist ihre Wachstumsphase aufgrund der jahreszeitlichen Temperaturschwankungen begrenzt. Zum anderen finden sie so im Winter leichter frostfreie Verstecke und können sich bei geringer Sonneneinstrahlung schneller aufwärmen. Kleine Insekten gibt es übrigens auch in den Tropen. Neben all den Monsterspinnen und Riesenkakerlaken nehmen wir sie nur seltener wahr.

KAKERLAKEN, DIE KÖNIGE DES TIERREICHS

Tropenreisen eignen sich eigentlich geradezu ideal für eine Diät, denn Essen ist keine gute Idee, zumindest nicht dort, wo man später schlafen möchte. Dummerweise weiß man natürlich nicht, ob sich der Vormieter der schnuckeligen Hütte am Strand an diese eiserne Regel gehalten hat.

Ein Blick unter die Matratze ist vor der ersten Nacht allemal nicht falsch. Hat sich da am Ende etwas bewegt?

Erfahrene Tropenreisende erkennt man daran, dass sie:

1. Beim Licht-Einschalten in einem dunklen Raum automatisch sofort auf die Ritzen des Fußbodens schauen.
2. Sofort zuschlagen und erst danach schauen, was unter der zusammengerollten Zeitung klebt.
3. Morgens ihre Schuhe ausschütteln, bevor sie hineinschlüpfen. Die, die dabei fündig wurden, erkennt man fortan immer: Sie tun es auch zu allen anderen Tageszeiten.

Das Problem ist dabei nicht zwingend die Gefährlichkeit tropischer Insekten, sondern die Tatsache, dass sie besonders erfinderisch sind, wenn es darum geht, überraschend irgendwo hervorzukriechen. Um in Europa irgendetwas Lebendiges in den Schuhen zu finden, muss man schon ziemlich Pech haben, in den Tropen und anderen warmen Gefilden lohnt es sich aber definitiv, die Schuhe vor dem Hineinschlüpfen fest auf den Boden zu schlagen und die Handtasche nicht über längere Zeit offen stehen zu lassen. Vor allem Kakerlaken und andere nachtaktive Tierchen verziehen sich gerne in lauschige Ecken. Kakerlakenmännchen haben offenbar ein Faible für die Hormone menschlicher Weibchen entwickelt und suchen besonders gerne Frauenschuhe heim. Auch Computer und Wäschehaufen sind ein beliebtes Versteck.

Auf der Toilette und im Badezimmer (warm, feucht, dunkel und mit einem leckeren Ausguss oder Abfluss versehen), also an Orten, an denen man ziemlich schutzlos mit heruntergelassener Hose dasteht oder völlig nackt ist (Achtung, eingeschränkte Fluchtmöglichkeiten!), lauern die Viecher besonders gerne.

Biologen dagegen mögen Kakerlaken gerne, denn sie sind etwas ganz Besonderes. Die Ersten von ihnen waren bereits vor 350 Millionen Jahren auf dieser Erde unterwegs. Sie sind nicht nur ziemlich sozial und erkennen sich gegenseitig am Geruch, sie sind auch unkaputtbar. Letztere beiden Eigenschaften mögen auf dem Papier beeindruckend wirken, helfen aber in der Praxis und beim Live-Kontakt nicht, die Tiere ins Herz zu schließen. Um sie zu töten, muss man schon ziemlich oft und heftig draufhauen – und sofort wegräumen, will man nicht, dass Hunderte andere zu ihrem Begräbnis kommen.

WORAN ERKENNT MAN EIN HOTEL MIT KAKERLAKENBEFALL?

- Die Bettpfosten stehen in mit Wasser gefüllten Konservendosen (nützt übrigens gar nichts).
- Hinter dem Badezimmerspiegel lugen zwei lange Fühler hervor.
- Wenn man das Licht im Bad einschaltet, bewegt sich was. Kommen die Tiere gar bei Tageslicht aus dem Versteck, ist alles zu spät, denn dann sind es so viele, dass sie in den Ritzen und dunklen Ecken der Wohnung keinen Platz mehr finden.

● Es stinkt. Den Hauch von *Eau de Cafard* erkennt man bei der ersten Begegnung natürlich nicht als selbigen – unangenehm ist er aber allemal. Es sind die Pheromone, die es den Kakerlaken ermöglichen, einander zu erkennen. Dem Menschen gelingt dies zwar nicht, aber das macht nichts, denn ihm ist egal, wen er da erschlägt.

TROPISCHES UPGRADE

Deutsche Kakerlaken krabbeln, und das ordentlich schnell. Das ist ekelig genug, wenn auch beeindruckend, denn mit bis zu 37 Kilometern in der Stunde gehören sie zu den Sprintern des Tierreichs. Sofern man ihnen irgendwo auf der Straße begegnet, weiß man als Reisender diese Fähigkeit durchaus zu schätzen, vor allem wenn sie NICHT in Richtung des Betrachters laufen, denn Kakerlaken können nicht bremsen. Dem Insekt macht das dank diverser Panzer wenig aus, dem Menschen am Ende der Laufstrecke umso mehr.

Was die tropischen und subtropischen Schaben so ungleich liebenswerter macht, sind eine Handvoll Aspekte:

1. Sie sind die steroide Form unserer europäischen Mickerlinge.
2. Sie können auch noch fliegen
3. und tun es auch ausgiebig und überraschend. Da sie meist der Dunkelheit entgegenfliegen, hat man als Mensch vor der Lichtquelle erst einmal ganz schlechte Karten.
4. Sie leben auch dort, wo man sie nicht vermuten würde: in Bussen, Zügen, Straßenbahnen ... überall eben, wo es

schön warm ist, man sich verstecken kann und der Mensch das eine oder andere verkleckert.

5. Sie übertragen noch mehr Krankheiten als unsere kleinen Kakerlaken, darunter Juwelen wie Cholera, Typhus, Lepra oder Salmonellen. Auch SARS wurde 2003, nach dem Sprung von der Zibetkatze zum Menschen von Kakerlaken fleißig weiterverbreitet.

Weltweit sind über 4600 verschiedene Schabenarten bekannt, es gibt Abermilliarden von ihnen, wobei die größten es auf bis zu acht Zentimeter bringen (die Körperlänge kommt übrigens fotografisch gut zur Geltung, wenn man eine Zigarettenschachtel danebenlegt), während die kleinsten nur einen halben Zentimeter lang sind. In einigen Ländern der Welt werden sie sogar als Snack angeboten oder in Kosmetikprodukten verarbeitet. Dass man ihnen dennoch vergleichsweise selten begegnet, meist am Abend oder in der frühen Nacht, hat einen sehr entspannten Grund: Kakerlaken schlummern rund 20 Stunden am Tag. Doch das lässt sich ändern:

FÜNF TODSICHERE METHODEN, KAKERLAKEN ANZUZIEHEN:
- Süße Getränkereste offen stehen lassen
- Essensreste, Zucker oder Fett offen stehen lassen, am besten schön angegammelt
- Nahrungsmittel außerhalb des Kühlschranks aufbewahren
- Müll nicht rechtzeitig rausbringen
- Feuchte Stellen wie undichte Rohre nicht abdichten
- Den Bodenabfluss offen lassen
- Getragene Unterwäsche herumliegen lassen, je länger, desto besser

Auch Fleisch und Käse mögen die kleinen Krabbler ausnehmend gern. Und tausend andere Dinge. Aushungern kann man sie daher nicht: Dann gibt es als Zwischensnack eben einen Buchrücken, ein Stück Zahnpasta oder Seife. Die Bakterien im Verdauungstrakt kümmern sich schon darum. Notfalls fastet die gemeine Kakerlake – auch das geht etliche Wochen gut.

Übrigens, für alle, die mal richtig korrekt darüber sprechen wollen: Die Kakerlaken-Phobie nennt sich Katsaridaphobie. Allerdings sollte man nicht erwarten, dass einen irgendjemand versteht.

FALSCHER ALARM AM WALDESRAND

Sie sehen aus wie Kakerlaken und bewegen sich auch so – was daran liegen könnte, dass sie letztlich natürlich welche sind: Die Waldkakerlaken verirren sich in Deutschland gerne mal in die Wohnung. Anstelle einer Panikattacke sollte man zum Glas greifen und eines der Tiere einfangen, denn erst unter der Lupe zeigt sich der Unterschied.

Allein der Fang ist ein Indiz, dass man es hier mit dem harmlosen Waldinsekt zu tun hat. Echte Kakerlaken sind meist viel zu schnell und lassen sich bei Tageslicht oder im Schein einer Lampe gar nicht erst blicken.

LASS UNS ZUSAMMEN SCHLAFEN

Eines muss man den Kakerlaken lassen: Immerhin sind sie gut sichtbar, wenn man das Licht nur schnell genug einschaltet. Die Krönung für alle Insekten- und Krabbeltier-Hasser, die Plage für Fortgeschrittene, ist dagegen nur fünf Millimeter groß: die Bettwanze. Bis zum Beginn dieses Jahrtausends waren Bettwanzen etwas, was die meisten Reisenden nur aus Büchern kannten, etwas, was sich ab einem Stern aufwärts problemlos umgehen ließ und ansonsten einen Hauch von Charles Dickens hatte. Heute ist das anders, denn sie sind zurück! Warum, weiß niemand so genau. Selbst große und teure Hotels in den Groß-städten klagen über Bettwanzen. Der Befall steigt geradezu exponentiell an. Das Problem ist so gravierend, dass es mittlerweile ausgebildete Spürhunde für Bettwanzen gibt. Besonders betroffen sind die USA: Las Vegas, New York City und San Francisco sind die Wanzen-Metropolen der westlichen Welt.

Wer glaubt, dem Fluch mit einem besonders tiefen Griff in die Urlaubskasse zu entgehen, liegt mitunter daneben: Selbst das legendäre *Waldorf-Astoria* in New York war 2010 davon betroffen und dürfte noch für die nächsten Jahrtausende regelmäßig daran erinnert werden. Immerhin: Das Hotel hat den Skandal nicht unter den Teppich gekehrt, prompt reagiert und die unliebsamen Matratzengäste von Kammerjägern entfernen lassen. Problematischer sind all jene Hotels, die es bei einmal Matratze-Umdrehen und einem Frühstücksgutschein zum Trost bewenden lassen.

Denn Bettwanzen sind tückisch, man kann sie nicht sehen, da sie sich in den Tiefen der Matratzen und Ritzen in Bett und Wand verstecken und nur des Nachts auf kulinarische Beutezüge gehen. Ein Indiz hinterlassen sie aber doch: ihre Exkremente. Die sind zwar auch nur mikroskopisch klein, fallen aber auf der weißen Bettwäsche der Hotels durchaus auf. Das zweite Indiz, ihre Bisse, erkennt man gut an der linienförmigen Anordnung auf der Haut – die kleinen Biester haben sogar einen Sinn für Kunst!

Sie sind nicht nur unangenehm, sondern eignen sich auch prima als Souvenir für zu Hause. Besonders einfach holt man sie sich mit gebrauchten Polstermöbeln, Matratzen und anderen Möbeln ins Haus – oder durch eine Reise. Dabei krabbeln sie nicht einmal bevorzugt ins Reisegepäck, sondern eher durch Zufall.

Tröstlich ist immerhin: Bettwanzen können zwar theoretisch Krankheiten übertragen, dies kommt aber nur selten vor.

DIGITALER BLICK IN DIE BETTRITZEN

Ist das Hotel befallen oder nicht? Gab es in jüngster Vergangenheit krabbeligen Besuch? Auf den Webseiten der *Bed Bug Registry*[4] und von *Raveable*[5] kann man nachschauen. Erstere beschränkt sich auf die USA, wo das Problem im weltweiten Vergleich ohnehin am größten scheint.

---

4 *www.bedbugregistry.com*
5 *www.raveable.com/bed-bugs-in-hotels*

FAST WIE INDIANA JONES: SKORPIONE

Es ist Nacht in der Wüste, nur der Mondschein erhellt die Filmszene. Ein Mann läuft durch das Bild, barfuß, ahnungslos. Was er nicht weiß, der Zuschauer aber schon längst ahnt: Nur wenige Meter weiter lauert ein Skorpion. Wird er daran vorbeilaufen oder zielstrebig in den Tod trot-

WAS HILFT GEGEN BETTWANZEN?

Zimmer wechseln! Aber flott! Besser noch, man verlässt das Hotel. Es ist unwahrscheinlich, dass nur ein einziges Zimmer betroffen ist.
Haben sich Wanzen als blinde Passagiere mit nach Hause geschmuggelt, hilft eine Wäsche bei 60°C oder man steckt die empfindlichen Kleidungsstücke für einige Zeit ins Gefrierfach. Das Gepäck sollte man luftdicht in einen Plastiksack verpacken und einige Wochen, besser Monate, an einem warmen Ort stehen lassen. Gut möglich, dass auch dann nicht alle Wanzen tot sind. Am besten, man breitet die Sachen danach auf einem weißen Laken aus, wartet, bis die hungrigen Überlebenden lossprinten, und gibt ihnen den Rest.

teln? Kaum ein Wüsten-Film kommt ohne die Szene aus, bei der eine der Hauptfiguren nachts beinahe oder wirklich auf einen Skorpion tritt und danach elendiglich umkommt. So weit so gut: Die meisten von uns sind selten in einer Wüste unterwegs, sollte man doch eines Tages in der Sahara landen, weiß man dank der filmischen Vorbildung Bescheid. Allerdings gibt es zwei Umstände, die sich als extrem nachteilig erweisen:

1. Man muss gar nicht bis in die Wüste fahren, um die Bekanntschaft eines Skorpions zu machen. Im Grunde gibt es sie überall, wo es warm genug ist, selbst in Metropolen wie Singapur oder Kuala Lumpur sind die Tiere gerne nachts unterwegs. Mit Flipflops oder gar barfuß wird schnell eine spannende Begegnung draus.
2. Es sind ausgerechnet die kleinen Skorpione, die hochgiftig sind. Und sie warten nicht immer, bis der trottelige Reisende auf sie tritt. Allerdings lohnt es sich ausnahmslos immer, denn von den rund 1400 Arten weltweit sind alle giftig, wenn auch in sehr unterschiedlichem Maße.

Berühmt-berüchtigt ist beispielsweise der Arizona Rindenskorpion, dessen Stich tödlich sein kann. Noch ein bisschen giftiger ist der Dickschwanzskorpion, der in Nordamerika, Südwestasien und im Nahen Osten lebt, genauso wie der Gelbe Mittelmeerskorpion, der seinen englischen Namen »death stalker« nicht umsonst trägt. Die Reihe der fiesen Exemplare ließe nicht noch um einige Seiten erweitern. Sicher ist: Wer sich von Skorpionen fernhält, macht damit nichts falsch. Bis zu 5000 Menschen sterben nach groben Schätzungen jedes Jahr an Skorpionstichen.

DER TOD LAUERT UNTER DER TAPETE

Der Mann am Buchungsschalter hat nicht gelogen: Das ist mit Sicherheit das billigste Hotel in ganz Havanna. Der Teppichboden sieht aus, als hätte man darauf eine Notoperation durchgeführt, die Tapete hat sich dank der hohen Luftfeuchtigkeit bahnenweise von der Wand gelöst, und im Wandschrank krabbelt es, wenn man ihn öffnet. Gut, dass das Hotel nur für die erste und letzte Nacht der Reise fest gebucht werden musste: So lautet die Regel des sozialistischen Kuba, das seine Besucher 1988 noch gerne kontrollierte und bei der Ankunft am Flughafen dazu anhielt, zumindest für einen Teil der Reise die Hotels bei der staatlichen Tourismus-Organisation zu buchen. Wer rechnet schon damit, dort WIRKLICH das billigste und ergo schäbigste Hotel zu bekommen? Die Nacht verläuft so ereignislos wie eben möglich auf einer Matratze, die der mangelnden Spannkraft wegen schier über dem Schläfer zusammenschlägt. Lobend erwähnen muss man: Keine Bettwanzen! Am nächsten Morgen habe ich jedoch, wie Kafkas Gregor Samsa, einen anderen Körper. Allerdings sehe ich nicht aus wie ein Käfer, sondern wie das Ding aus dem Sumpf: An meinen Beinen reihen sich rote, Unterteller-große Beulen aneinander, vor denen jede Zellulitis vor Neid erblassen würde. Schmerzhaft sind sie auch. Was bitte war das? Die Ursache oder vielmehr die Verursacher sind erst mal nicht zu identifizieren. Zwei Wochen später steige ich im gleichen Hotel ab.

Jetzt will ich es wissen: Mit einem Turnschuh in der Hand lauere ich an der Wand, während mein Reisebegleiter im Dunkeln zum Lichtschalter schleicht. Das Licht flackert, ich ahne eine Bewegung und schlage zu. Die Beute lässt mich vor Überraschung innehalten: ein Skorpion! Klein und flach, aber ganz eindeutig ein Skorpion. Eine genauere Untersuchung des Zimmers fördert eine wahre Armee zutage. Sind es 50 oder 100? Oder noch mehr? Um welche Art es sich handelt, lässt sich anhand des zermatschten Exemplars nicht mehr herausfinden, aber dass man ihren Stich überlebt, weiß ich ja schon. Dass Skorpione ihr Gift benutzen, um die Beute bewegungsunfähig zu machen, beruhigt in diesem Zusammenhang allerdings nicht wirklich: Haben sie sich am Ende zusammengerottet, um diese extragroße Beute – mich – zu erlegen? In dieser Nacht bleibt das Deckenlicht an, eine Maßnahme, die nicht gerade schlaffördernd ist, aber auch die nachtaktiven Skorpione verunsichert.

WIE MAN DEN VIECHERN HEIMLEUCHTET

Bei Schwarzlicht leuchten Skorpione im Dunkeln grell auf. Kein Witz! Das Außenskelett der Skorpione enthält Moleküle, die durch energiereiches, kurzwelliges Licht, angeregt werden: Sie fluoreszieren. Mit einer Schwarzlichtlampe, die es mittlerweile auch im Taschenformat gibt, lässt sich abends beispielweise die Umgebung eines Zeltes gut nach den Tierchen absuchen. Ganz nebenbei kann man so die eine oder andere Pinkelecke identifizieren, denn auch Urin fluoresziert, wenn man ihn mit Schwarzlicht anstrahlt. Allerdings wäre man manchmal froh, hätte man es nicht gewusst – wer will schon spätabends das Zelt noch mal umstellen? Wer nicht im Besitz dieser Lampe ist, bedient sich des Mondes. Dieser reflektiert die UV-Strahlung des Sonnenlichtes, sodass Skorpione auch im Mondlicht schwach leuchten.

INSEKTEN ALS PREISMINDERUNGSGRUND?

Für all jene, denen die Insekten- und Schädlingsdichte im Urlaub zu hoch war, lohnt sich vor der Klage gegen den Reiseveranstalter ein Blick in die Frankfurter Tabelle, die eine ungefähre Auskunft über die zu erwartende Schadenersatzhöhe gibt. Lokal übliche Plagen wie Riesenspinnen oder Kakerlaken gelten bei Tropenreisen allerdings eher nicht als ein Grund zur Klage. Auch an der Hotelrezeption vor Ort löst die Empörung über ungewollte Mitbewohner oft nur ein Kopfschütteln aus: Was bitte ist an Kakerlaken so ungewöhnlich?

ZEIGT HER EURE FÜSSE, ZEIGT HER EURE SCHUH

Die Tatsache, dass sie in warmen Ländern gerne auch als Plastik-Scherzartikel verkauft werden, sollte Reisende hellhörig machen: Hundertfüßler sind die am meisten unterschätzten Krabbeltiere, die die Subtropen und Tropen zu bieten haben. Zumindest unter uneingeweihten Zugereisten. Die Einheimischen wissen vom Potenzial der Vielfüßler, die wir gerne auch als Tausendfüßler bezeichnen (der Unterschied: Erstere haben ein Beinpaar pro Segment, Letztere jedoch zwei), und amüsieren sich damit, sie einander in Form von Scherzartikeln in die Handtasche zu schmuggeln. Doch von vorne: Hundertfüßler gibt es eigentlich weltweit und sie sind aufgrund einiger Eigenschaften eine echte neurotische Add-on-Alternative, um beispielsweise eine Spinnenphobie auszubauen. Zum einen sind sie richtig schnell, ziemlich giftig (und zwar alle) und ihr Biss gehört zu den ganz schmerzhaften Möglichkeiten des hautnahen Kontakts mit der lokalen Fauna. Da sie nachtaktiv sind, verstecken sie sich tagsüber in Baumrinden und Erdspalten. Oder aber eben in Handtaschen, Schuhen oder Decken, wo sie sich nicht über Überraschungen freuen. Man sollte ihnen generell aus dem Weg gehen, denn sie alle verfügen an den beiden Vorderbeinen über Greifzangen mit Giftdrüsen. Eine weitere Grundregel lautet: Je größer das Exemplar, desto respektvoller sollte man es behandeln, denn größere Beißwerkzeuge verursachen heftigere Schmerzen. Auch die Giftmenge steigt proportional zur Körpergröße an. Besonders lohnend ist der Nahkampf mit dem chinesischen *Scolopendra subspinipes* und seinen ost- und südostasiatischen Verwandten, zum Beispiel dem Chinesischen Rotkopfhundertfüßler *Scolopendra subspinipes mutilans* (*mutilans* = verstümmelnd), dessen lateinischer Name Bände spricht. Der Biss eines Hundertfüßlers kann schwere Kreislaufbeschwerden, Schweißausbrüche, Gleichgewichtsstörungen, Erbrechen, Lähmungen und höllische Schmerzen auslösen, die mitunter bis zu drei Tage andauern. Das betroffene Gewebe stirbt unter Umständen ab und ein Biss am Kopf kann tödlich enden. Eine derart potente Chemikalie ist natürlich auch für die Medizin interessant. Seit einigen Jahren forschen chinesische Wissenschaftler intensiv in diesem Bereich und arbeiten an der Entwicklung eines Schmerzmittels.

SUMM, SUMM, SUMM

Das gefährlichste Raubtier aller Zeiten wirkt dagegen auf den ersten Blick recht unspektakulär. Mit rund einem halben Zentimeter Größe ist die Mücke erst einmal wenig beeindruckend. Dennoch: Rund 800 000 Todesopfer fordert sie pro Jahr alleine durch die von ihr übertragene Malaria und ist damit erheblich gefährlicher als alle anderen fiesen Insekten (und sonstigen Tiere) zusammen.

Besonders hoch ist die Gefahr, sich eine der vielen übertragbaren Krankheiten zu holen, im südlichen Afrika und in Papua-Neuguinea (wo es sich aufgrund der schlechten Gesundheitsversorgung sicher auch am meisten lohnt).

Allerdings kann man viel dafür tun, dass es nicht dazu kommt. Mückenschutz zum Beispiel. Aber man mache sich nichts vor: Niemand sitzt in den teuren drei Wochen Jahresurlaub in langärmeliger Hose und Jacke am Pool, damit die verdammten Viecher nicht zum Zuge kommen. Und das auch noch rund um die Uhr, denn nicht nur die nachtaktiven Mücken wie die Anopheles-Mücke (Markenzeichen Malaria), sondern auch die tagaktiven Exemplare, wie die Aedes, übertragen einen interessanten Mix aus Dengue-Fieber, Zika, Japanischer Enzephalitis, Chikungunya, Elefantitis und Gelbfieber.

WIE MAN MÜCKEN AUS DEM WEG GEHT

- Mücken mögen keinen Wind – sie sind nicht stark genug, dagegen anzufliegen. Am Strand sind sie daher seltener anzutreffen, zumindest wenn eine steife Brise weht.

- Mücken lieben Pfützen, Teiche, vergessene Schüsseln mit Regenwasser und alle anderen flachen, stillen Gewässer, in denen sie ihre Eier ablegen können. In Singapur wird peinlich genau darauf geachtet, ihnen keinen Brutplatz zur Verfügung zu stellen. Wer sich allzu wenig darum kümmert und beispielsweise im Garten durch offene Tanks und dergleichen den Mücken Vorschub leistet, riskiert hohe Strafen! Dummerweise mögen sie natürlich auch die hübschen Teiche, die manch ein Hotel auf der Anlage hat. Auch nahe gelegene Sümpfe oder Seen sind eine wunderbare Gelegenheit, schnell mal Abertausende Nachfahren in die Welt zu setzen.

- Manchmal reicht auch ein Blick auf die Landkarte, um ein Reiseziel auszuschließen. Wetten, es gibt einen guten Grund, warum der isländische *Mývatn* (Mücken-See) gerade diesen Namen trägt? Zugegeben, in nordischen Gefilden übertragen die Tiere bisher keine Krankheiten und es handelt sich überwiegend um nichtstechende Zuckmücken. Trotzdem nerven sie so sehr, dass Einwohner und Besucher in der Mückensaison mit Schutzkappen samt Netz herumlaufen.

PROPHYLAXE JA ODER NEIN?

Bevor es in die Tropen oder Subtropen geht, lohnt es sich herauszufinden, ob man in ein Malariagebiet reist. Doch wie? Die Nachschlagewerke in den deutschen Arztpraxen sind oft recht grob gehalten. Ist beispielsweise Borneo als Malariagebiet eingezeichnet, muss noch lange nicht überall auf der Insel das gleiche Ansteckungsrisiko bestehen. In diesem konkreten Beispiel ist es so: Auf der malaysischen Seite ist das Risiko eher gering und praktisch nur mitten im Dschungel vorhanden. Bei nahezu allen in Sabah und Sarawak verzeichneten Fällen handelt es sich um erkrankte Waldarbeiter aus dem ärmeren indonesischen Teil der Insel – laut Angaben der WHO von vor einigen Jahren. Die Frage ist daher: Werden Inland und Küste statistisch miteinander verrechnet? Und wo genau traten die Krankheitsfälle auf? Eine ähnliche Problematik besteht auch in Thailand und in vielen Ländern mit großen regionalen Unterschieden.

Wer es genau wissen will, vor allem bei eher weniger touristischen Gebieten, sollte, unter Angabe des genauen Reiseziels, bei den Gesundheitsbehörden vor Ort nachfragen (lokale Ableger der Weltgesundheitsorganisation, Gesundheitsämter etc.). Im Internet sind die passenden Adressen ohne Probleme zu finden, und auf Englischkenntnisse darf man dort auch hoffen.

Allerdings muss man mittlerweile nicht mehr ganz so weit fahren, um sich eine von Mücken übertragene Krankheit zu holen: Die Tigermücke Aedes ist mittlerweile auch in Europa angekommen. Sie überträgt nicht nur das Chikungunya-, sondern auch das West-Nil-Fieber, das Gelbfieber und das Dengue-Virus. Im Jahr 2007 erkrankten etwa 200 Menschen an Chikungunya, das ein Reisender aus Südindien mitgebracht hatte und von Mücken fleißig weiterverbreitet wurde. Auch das West-Nil-Fieber ist mit mehr als 200 Fällen pro Jahr in Europa (zum Beispiel in Griechenland, Russland und Rumänien) gar nicht mehr so selten, genauso wie das Dengue-Fieber, das man sich mittlerweile mit ein wenig Pech in Kroatien, Frankreich oder auf Madeira holen kann.

IMMER ICH!

Es ist zutiefst ungerecht: Während die einen nach fünf Minuten in der lauen Tropennacht von Stichen übersät sind, scheinen sich die Mücken für den Nebenmann gar nicht zu interessieren: Je nach persönlichem Duftcocktail sind manche Menschen von Natur aus besonders attraktiv für Mücken. Rund 15 Prozent aller Menschen gehören zur bedauerlichen Gruppe, die es immer trifft. IMMER. Ob man im Besitz dieser Arschkarte ist oder nicht, ist leider genetisch festgelegt. Menschen mit Blutgruppe Null werden weitaus häufiger gestochen als solche mit der Blutgruppe B. Zu den Gewinnern zählen Träger der Blutgruppe A, sie sind für Mücken am unattraktivsten. Ebenfalls von Relevanz sind Kohlenstoffdioxidgehalt der Atemluft und der Duft von Milchsäure, der Menschen aus Mückensicht das gewisse Etwas verleiht. Anti-Mückenmittel wie DEET überdecken diese Gerüche. Auch pflanzliche Stoffe wie Zitronengrasöl und Geranienöl können dies bewirken, Letztere allerdings nicht so effizient und ausdauernd wie die chemische Keule.

WAS HILFT WIRKLICH?

Taiwan ist voll von Mücken. Was tun die Einheimischen dagegen?
- Knoblauch essen, in rauen Mengen.
- Tonic Water trinken, mit Chinin.
- Bierhefe essen. Das darin enthaltene Vitamin B1 soll den menschlichen Geruch verändern und so die Mücken foppen.
- Bier trinken dagegen ist nicht förderlich: Durch den Alkohol werden die Ausdünstungen für Mücken attraktiver, wie auch durch Sport, da sich so die Milchsäure-Ausdünstungen erhöhen.

Wissenschaftlich ist dies alles nicht erwiesen, aber zumindest die kanadische Stadt Leduc schwört auf den Einsatz von Knoblauchsaft zur Mückenbekämpfung in den öffentlichen Anlagen.

MACH EINFACH EINEN SPORT DARAUS

Angesichts des enorm hohen Nerv- und Krankheitspotenzials von Mücken erstaunt es nicht, dass es sogenannte »Mosquito killing contests« gibt – und zwar gleich eine ganze Reihe davon! Zum Beispiel den »Mosquito Killing World Championship« in Lappland (übrigens auch für die Zuschauer kein reines Vergnügen, denn die potenziellen Opfer tun sich an ihnen gütlich), oder die »Moskito Hunt Championship« in Estland, bei dem die Teilnehmer ihre Beute mit dem nackten Arm anlocken müssen. In Taiwan fing eine Bäuerin bei einem der Killer-Wettbewerbe mehr als vier Millionen Mücken, allerdings über einen Zeitraum von einem Monat, und brachte es zu einem Eintrag ins *Guinness-Buch der Weltrekorde*.

DAS INSEKTEN- UND PARASITEN-ABC

Wem das alles noch nicht genug ist, der kann unterwegs eines der folgenden Krabbeltiere adoptieren und ihm ein neues Zuhause geben. Zum Beispiel in der Leber, in den Augen oder im Hirn.

AMEISEN
Passionierte Camper wissen: Sie sind lästig. In Europa. Anderenorts können sie durchaus gefährlich werden. Der Stich der südamerikanischen Bulldoggenameise zählt zum Beispiel zu den schmerzhaftesten Erfahrungen, die ein Mensch machen kann – und das rund 24 Stunden lang. Alternativ kann auch die Rote Feuerameise ziemlich

unangenehm werden: Gelingt es nicht, sie beim ersten Versuch von der Haut zu fegen, schlägt sie sicherheitshalber noch ein paarmal zu, und zwar mit einer schmerzhaften Kombination aus Bissen und einer anschließenden Injektion aus ihrem Giftstachel. Ganz nebenbei verursacht sie enorme Schäden an technischen Geräten, denn sie frisst sich mit Begeisterung durch die Isolierung von Kabeln. Bisher hat sie Nord- und Südamerika, Australien, Neuseeland und Ostasien erobert.

AMÖBEN

Natürlich sind nicht alle Amöben gefährlich. Aber einer *Naegleria fowleri* möchte man nicht begegnen, oder sie zumindest nicht im Gehirn mit nach Hause tragen, denn sie löst die sogenannte primäre Amöben-Meningoenzephalitis aus. In den USA starb 2016 eine Schülerin, nachdem sie versehentlich in einem Nationalpark ins Wasser gefallen war. Gehört man zu den wenigen Unglücklichen, die es erwischt, gibt es nur wenig Hoffnung: Die Sterberate beträgt 97 Prozent. Die fiesen Amöben kommen übrigens weltweit vor, in den letzten 50 Jahren wurden in den USA allerdings nur 138 Infektionen registriert. Wie die Statistik anderenorts aussieht, kann man nur ahnen, denn die Krankheit wird oft nicht erkannt. Auch in den heißen geothermalen Bädern Neuseelands ist sie hier und da anzutreffen. Das beste Gegenmittel: In Süßwasser-Gewässern von über 30 Grad Celsius einfach den Kopf immer schön oben lassen, denn die Amöbe dringt ausschließlich durch die Nase ein.

BANDWURM

Kennen wir hierzulande nur noch aus Omas Erzählungen über die Nachkriegsjahre. Aber das muss so nicht bleiben: Neben dem Verzehr von rohem Schweinefleisch (was man ja verhindern könnte) funktioniert die Übertragung auch einwandfrei in all jenen Küchen, in denen das Personal selbst infiziert ist und bei der Toilettenhygiene spart, sprich: sich nicht die Finger wäscht. Das Potenzial für eine Infektion ist hoch, denn rund ein Zehntel der Menschheit, vor allem in armen Ländern, dürfte Bandwurmträger sein. Tröstlich ist: Nistet er sich im Magen ein, kann man sich die Diät sparen. Im Gehirn bereitet er weniger Freude.

RIESENHORNISSEN

Die Riesenhornisse ist die ultimative Herausforderung für all jene, die schon bei der Sichtung einer Wespe panisch von der Picknickdecke springen. Mit bis zu sechs Zentimetern Länge ist sie nicht nur ziemlich eindrucksvoll, sondern auch gesellig: Beim Stich wird ein Duftstoff freigesetzt, der andere Riesenhornissen anlockt. Tödliche Angriffe sind gar nicht so selten: Allein in China starben 2013 mehr als 40 Menschen durch Hornissenstiche, mehr als 200 mussten im Krankenhaus behandelt werden. Auch in Japan ist sie gefürchtet und tötet jährlich rund 50 Menschen.

SPULWÜRMER

Auch ein praktisches Mitbringsel, pflegeleicht und daher lange Zeit unentdeckt: Rund 1,5 Milliarden Menschen weltweit könnten dies bezeugen, wenn sie wüssten, dass sie ihn in sich tragen. Und es muss nicht bei einem bleiben. So ein Dünndarm kann mehrere Hundert Spulwürmer be-

Wird schon gut gehen: Helme und andere Sicherheits-Extras sind in Asiens Großstädten wenig beliebt.

Wie eng ist zu eng? Nicht nur in Bangladesch ist man gut beraten, nicht immer das billigste Zugticket zu kaufen.

Für viele internationale Hotelzimmer gilt: Je weiter oben, desto besser. Doch Gäste mit Höhenangst erleben so eine ganz neue Dimension ihrer Phobie.

Vor allem Vegetarier müssen in Südamerika, wie hier in Ecuador, ziemlich oft ziemlich tapfer sein.

Volle Punktzahl für das künstlerische Arrangement, null Punkte für Hygiene auf diesem maledivischen Basar.

Auf chinesischen Märkten werden sogar frittierte Kakerlaken angeboten. Allerdings greifen auch Einheimische nur zögerlich zu.

Gut zu wissen: In thailändischen Touristengebieten gibt es immerhin eine Telefonnummer, unter der man auf Englisch Hilfe herbeirufen kann.

Öffentliches Telefon auf Stewart Island. Und auch wenn es nicht so aussieht – es funktioniert!

Wer weiß schon, dass auf Japans Hauptinsel Honshu 15 000 Schwarzbären leben?

Rochen kann man anfassen, muss man aber nicht … Der Stich einiger Arten kann nämlich tödlich sein.

Giftig oder nicht? Rund 100 000 Menschen sterben jedes Jahr an Schlangenbissen, und die Dunkelziffer ist noch weit höher.

Auch ein klaustrophobisches Mega-Erlebnis: Die Gästehäuser des Chungking Mansion von Hongkong. Tageslicht kostet hier extra.

Der Schrecken vieler Europäer auf Reisen: Eine Hocktoilette wie hier in Syrien erfordert oftmals Überwindung – und starke Oberschenkelmuskeln.

Schilder weisen überall an der japanischen Küste den Weg zur nächsten Erhebung. Im Falle einer Tsunami-Warnung heißt es allerdings schnell sein.

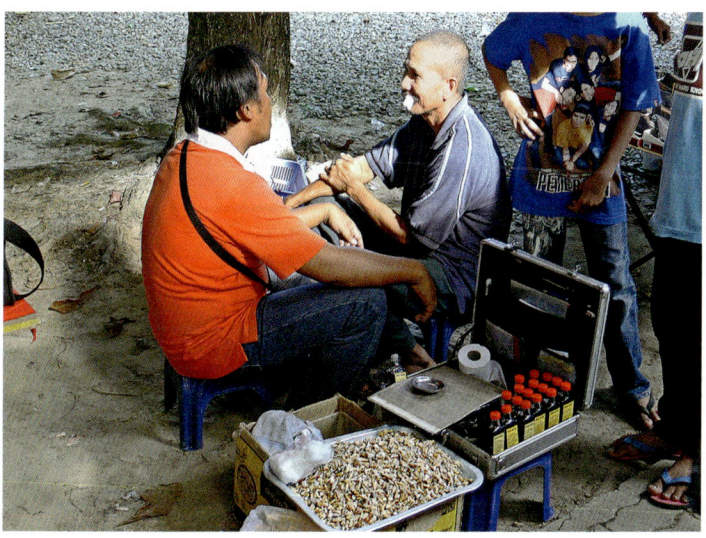

Ein Besuch beim Zahnarzt auf einem Markt in Borneo: Eine gute Gelegenheit, schnell noch eine neue Phobie zu entwickeln.

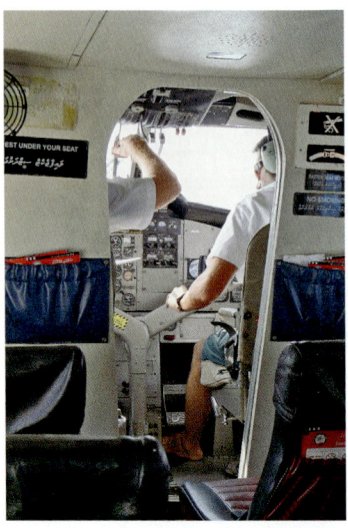

Die Barfuß-Piloten tragen ihren Namen zu Recht: Ohne Schuhe sind die Tragflächen griffiger. Für Flugphobiker trotzdem kein schöner Anblick.

Tagsüber ist Tokios U-Bahn auch für Klaustrophobiker geeignet. Zur Rush-hour allerdings wird die maximale Füllmenge der Waggons ausgetestet.

herbergen. Über die Gründe für die weite Verbreitung gibt es im Kapitel »Gut gespült ist halb gewonnen« noch allerhand Details. An dieser Stelle nur so viel: Es reicht aus, dass sich die Küchenkraft im Restaurant zwischen zwei Handgriffen kurz am Hintern kratzt.

VINCHUCA-WANZE

Noch nie gehört? Vor allem Südamerika-Reisende sollten aufhorchen. Die Vinchuca-Wanze findet sich in Häusern und Scheunen mit Palmwedeldach, macht sich nachts über ihren Wirt her und überträgt die oft tödlich verlaufende Chagas-Krankheit, die zu schweren Organschäden führt. Rund 8 bis 10 Millionen Menschen leiden in Südamerika daran.

RETTER AN DER WAND

All jene, die sich vor kleinen Tieren ebenso ekeln wie vor Insekten, geraten auf Reisen schnell in ein Dilemma: Gecko oder Krabbelgetier? Die kleinen Reptilien sind fast überall dort verbreitet, wo es warm genug ist und sich ein Aufenthalt lohnt. Sie sind die Delfine der Reptilienwelt: Knuffig, goldig, völlig ungefährlich, und wer sie nicht mag, ist doof.

Geckos sind in der Tat harmlos und wagen sich weder an wache noch an schlafende Menschen heran, versprochen! Allerdings müssen auch sie ihre Beute verdauen – und dann in irgendeiner Form wieder loswerden. Logisch, dass sie dazu nicht unbedingt die Hütte verlassen, sondern ihre Knüddel fröhlich fallen lassen … direkt auf den Tisch oder wo immer sie eben gerade an der Wand kleben.

Die Mär, sie würden niemals von der Wand fallen, ist übrigens nur fast richtig. Klar können sie sich dank Abertausender Hafthaare auch auf extrem glatten Oberflächen und sogar unter der Decke halten. Schnell mal das Licht angeschaltet und vielleicht sogar auf den Gecko gegriffen, lässt sich aber auch dieses Reptil so nachhaltig erschrecken, dass es die Haftung verliert. Apropos verlieren: Fangen sollte man sie nicht. Erstens klappt das sowieso nicht und zweitens werfen sie in der Panik oft den Schwanz ab.

7 TIERBEGEGNUNGEN, DIE NIEMAND BRAUCHT

Exotische Tiere beobachten, das ist große Klasse! Außer man begegnet ihnen nachts auf der Toilette oder zu einem anderen ungünstigen Zeitpunkt. Und wer denkt schon daran, sich auch in Japan vor Bären in Acht zu nehmen? Oder dass manch eine hübsche Meeresschnecke in Südostasien die letzte sein könnte, die man ins Sammelkörbchen legt?

Leise plätschern die Wellen, eine laue Brise weht, im Hintergrund die erhellten Fenster der Hotelanlage, davor die Schattenschnitte der Palmen: Abendspaziergang in Bophut auf der thailändischen Insel Koh Samui. Tagsüber reicht die Sicht weit über das Meer bis an den Horizont, aber jetzt, nach Einbruch der Dunkelheit, erahnt man kaum den Strand. Der feuchte Sand knirscht unter den Füßen, ab und zu ist eine etwas härtere Muschel dazwischen. Der Strand ist gut gepflegt, umso mehr fällt der Hubbel auf. Dahinten. Liegt da nicht etwas? Etwas wirklich Großes? Ein Blitz zuckt durch die Dunkelheit – Gewitter? Das würde zur Dramatik der Situation passen, doch es sind nur andere Strandspaziergänger, die Selfies vor dem seltsamen

Objekt schießen. Für den Bruchteil einer Sekunde liegt das Ding hell erleuchtet da. Ein gigantischer Wackelpudding. Einen Meter hoch und breiter als ein Lkw-Reifen. Außerirdisch schräg und bestimmt nicht echt. Oder doch? Ein Spaziergänger richtet die Taschenlampe darauf. Es ist eine Qualle, offensichtlich frisch angeschwemmt. Die Umstehenden starren schweigend auf den Haufen, nur ein Tourist aus dem Ruhrpott zischt leise ein beeindrucktes »Ekelig, wa?«. Die wichtigste Frage spricht keiner aus: Wo war sie vorher? Hier am Strand? Vielleicht nur wenige Meter von meinen nackten Beinen entfernt? Als wollte die Natur noch einmal die Existenz dieser Tiere bestätigen und alle Hoffnungen auf ein Ausnahmephänomen zermalmen, liegt nur wenig weiter noch eine Riesenqualle. Gleiche Größe. Gleicher Ekelfaktor. In der Nacht steht eine Internetrecherche auf dem Programm. Ein großer Fehler, denn mit dem Ergebnis muss man leben können. Wer das erst nach der Reise erledigt, lebt zwar unterwegs mit einem erhöhten Risiko, hat aber mehr Spaß im Wasser und muss nicht alle zehn Sekunden kreischend an den Strand rennen, weil »da irgendwas an meinem Fuß war«.

Das Meer ist voller Tiere, die man niemals kennenlernen, von deren Existenz man nicht einmal wissen möchte. Nicht zuletzt, weil man im eher trüben Wasser von Bophut – es ist nicht Dreck, sondern aufgewirbelte Sandteilchen – kein bisschen ahnen kann, welche Tiere einen Meter weiter im Wasser herumlungern. Das mag neurotisch klingen, ist es aber nicht. Denn auch an der Ostküste Ko Samuis gibt es allerhand hochgiftige Quallen. 2015 starb dort eine Deutsche nach dem Kontakt mit einer Würfelqualle. Ihre Freundin, die sie aus dem Wasser holen wollte, wurde schwer verletzt. Und das war nicht das erste

Todesopfer. Im Jahr davor hatte es einen fünfjährigen Jungen unter ähnlichen Umständen erwischt.

MÖRDERISCHER WACKELPUDDING

Mit diesem Problem steht Ko Samui wahrlich nicht alleine da, im Grunde ist es nur eine Frage des Zufalls, wo auf der Welt es den Badenden erwischt, denn die Würfelqualle findet man in tropischen bis subtropischen Gewässern rund um Australien, in Südostasien sowie vor Borneo und Malaysia – und inzwischen auch vor Thailand. Sie lebt in Küstennähe, treibt aber nicht an der Oberfläche, sondern schwimmt etwas tiefer. Das macht es umso schwerer, sie rechtzeitig zu sehen. Wenn es doch zu einer Begegnung kommt, wird es gefährlich: Das Gift der Würfelqualle verursacht Muskellähmungen und kann zu Herzversagen und Atemstillstand führen. Schon eine flüchtige Berührung reicht aus. Mittlerweile existiert zwar ein Gegengift, doch das nützt dem Opfer nur, wenn es an einem bewachten Strand in Australien erwischt wird, wo es zur Verfügung steht.

Fast genauso furchterregend wie die Würfelqualle ist die Portugiesische Galeere. Sie lebt im Pazifik, in der Karibik, vor den Kanarischen Inseln, vor Portugal und manchmal sogar vor Holland. Dank ihrer bis zu 50 Meter langen Tentakel muss man ihr noch nicht einmal besonders nahe kommen, um mit dem Gift Bekanntschaft zu machen. Auch dieses lähmt Atemmuskulatur und Nerven und löst das Gewebe auf. Ein Gegenmittel gibt es nicht. Allein an den Küsten Australiens werden jedes Jahr bis zu 10000 Menschen von Portugiesischen Galeeren verbrannt. Quallennetze sind prima, aber sie sind kein Garant, dass sich nicht doch die eine oder andere kleine Qualle durchmogelt. Abgerissene Tentakel der Portugiesischen Galeere sind noch tagelang hochgiftig und treiben durch jedes Netz. Tröstlich ist: Die Begegnung verläuft selten tödlich, sondern verursacht nur große Schmerzen. Im Vergleich dazu spielt die ordinäre Feuerqualle, die den Badenden in Europa plagt, nur in der Kreisklasse. In Sicherheit wiegen braucht man sich nicht: Seit einiger Zeit werden Portugiesische Galeeren auch hier und da im Mittelmeer gesichtet...

Quallengefahr ist ein guter Grund, des Nachts nicht zu schwimmen, denn
1. werden Warn- und Hinweisschilder leicht übersehen,
2. kann man die Tiere im Dunkeln erst recht nicht erkennen, und
3. ist niemand da, der einen aus dem Wasser zieht.

QUALLEN: DAS ERSTE-HILFE-EINMALEINS

- ○ Holen Sie Quallenopfer unbedingt sofort aus dem Wasser, damit sie nicht ertrinken.
- ○ Rasieren Sie nach einer Begegnung mit einer ungefährlichen Qualle – keine Angst, den Unterschied merkt man – die Nesseln mit Nassschaum vom Körper. Wälzt sich das Opfer vor Schmerzen am Strand, war es wohl eine giftige Quallenart.
- ○ Bloß nicht kratzen! Die Tentakel setzen ihr Gift daraufhin erst recht frei.
- ○ Essig stoppt die Wirkung des Nervengiftes. An manchen Stränden gibt es in regelmäßigen Abständen »Essig-Sta-

tionen«. Gut ist, wenn man schon weiß, wo diese Stationen zu finden sind, bevor die Qualle auf dem Bauch klebt. Sollte es sich um eine Portugiesische Galeere handeln: Pech gehabt, da hilft auch Essig nicht.

○ Alarmieren Sie den Notarzt, lagern Sie das Opfer ruhig. Das Gift der Würfelqualle wirkt rund 15 Minuten, sodass Sie die Herz-Lungen-Wiederbelebungsmaßnahmen länger als 20 Minuten durchführen müssten. Das schafft ein Mensch alleine nicht, Hilfe ist daher dringend notwendig.

Hotelanlagen haben ein großes Interesse daran, dass ihre Gäste nicht Opfer von Quallen werden, das ist schlecht fürs Geschäft. Andererseits hängt man die Vorfälle oft nicht an die große Glocke, denn auch das schreckt die Gäste ab und die Warnungen sind nicht immer so deutlich, wie man es sich wünschen würde. Nicht zuletzt können auch Hoteliers nicht hellsehen: Wann und wo welche Quallen auftreten werden, weiß man oft erst, wenn es erste Opfer gibt.

Weltweit hat sich die Zahl der Quallen enorm erhöht. Im Schwarzen Meer, wo sie noch vor 20 Jahren selten auftraten, kommt es heute immer wieder zu regelrechten Quallenschwemmen. Schuld ist nicht nur die Erwärmung der Meere. Auch der laxe Umgang mit der Umwelt trägt dazu bei: Die Tiere lieben Meeresregionen, in denen organische Abfälle ins Wasser geleitet werden – das ist nichts anderes als ein riesiges Dinner-Buffet für Quallen. Natürliche Feinde haben sie nur noch wenige, denn die Population von Meeresschildkröten, Delfinen und Thunfischen schrumpft mit jedem Jahr.

GEFAHR AM MEERESBODEN

Badeschuhe sind uncool und auch nicht immer bequem. In einigen Gegenden der Welt zahlt es sich trotzdem aus, sie zu tragen.

In der Nord- und Ostsee, aber auch im Atlantik und Mittelmeer verhindern sie den Kontakt mit Petermännchen. Tritt man auf den Fisch, kann es nicht nur schmerzhaft werden, sondern hier und da auch gefährlich. Den Todesstoß für den Urlaub bedeutet das allemal, denn der Stich geht mit Fieber und Unwohlsein einher. Noch ein bisschen mehr lohnt sich der Griff zum Badeschuh an tropischen und subtropischen Stränden, denn der Steinfisch ist nicht nur schwer zu erkennen – er trägt seinen Namen zu Recht, denn er sieht wirklich aus wie ein harmloser Stein –, die Begegnung endet oft auch tödlich. Tritt der ahnungslose Badende auf den Fisch, injiziert er über die Stacheln sein Gift, das die Blutgefäße erweitert und zu Herzrhythmusstörungen führt.

Seeigel hingegen gibt es nahezu überall auf der Welt. Je abgelegener und Robinson-artiger das Reiseziel, desto eher lohnt es sich, einmal kräftig hineinzutreten. In Sachen Gift sind sie zwar unerheblich, dafür brechen die Stacheln gerne mal ab und entzünden sich.

Ebenfalls gefährlich, aber immerhin mit einem Vorwarnsystem ausgestattet, ist die Blaugeringelte Krake. Sie lebt rund um Australien und ist erstaunlich furchtlos. Hier und da spielen ahnungslose Taucher sogar mit ihnen. Wenn es der Krake nicht passt, knipst sie allerdings die geringelten Flecken an, und spätestens dann ist es an der Zeit, den Rückzug anzutreten, denn ihr Biss führt zu Atemlähmung und damit zum Tod durch Ersticken. Ein Gegengift gibt es nicht. Gleiches gilt für die tropische Kegelschnecke. So hübsch anzusehen ist sie, dass man sie aufheben und mitnehmen möchte. Aber Vorsicht! Es könnte die letzte Schnecke in Ihrer Sammlung sein. Ist ihr Haus bewohnt, führt der Kontakt mit dem Gift zu Muskellähmungen, die zum Tode führen können.

Gegen all diese Meeresattraktionen wirkt der Hai fast schon ungefährlich: Rund hundert Attacken werden weltweit jedes Jahr gezählt, zehn davon mit tödlichem Ausgang. Die meisten Angriffe sind auf einen optischen Irrtum des Hais zurückzuführen. Von unten sieht ein Surfbrett einer Robbe recht ähnlich. Grund genug für den Hai, probeweise ein Stück abzubeißen.

Da sind die Salzwasserkrokodile und Nilkrokodile schon bösartiger: Sie leben in den Tropen Afrikas, Australiens und in Florida in langsam fließenden Flüssen und in Seen. Weil sie so unglaublich schnell sind, bleiben die Opfer bis zuletzt ahnungslos. Rund 800 Menschen sollen ihnen jährlich zum Opfer fallen, anderen Erhebungen zufolge sind es nur 200. Man weiß es einfach nicht genau, denn Krokodile ziehen ihre Beute unter Wasser. Wer kann schon genau sagen, warum die namibische Bäuerin nie vom Wäschewaschen am Flussufer zurückkam? Oder wieso schon wieder ein Fischer in Angola verschwunden ist? Wer es genau wissen will, der schlage im Register der australischen Charles Darwin Universität[6] über Krokodilangriffe nach.

---

6 *www.crocodile-attack.info*

WAS RASCHELT DA IM GRAS?

Apropos Reptilien: Die eigentlichen Killer unter den Reptilien haben sich von den Krokodilen eindeutig die Show stehlen lassen, obwohl sie sie statistisch mühelos in den Schatten stellen: die Giftschlangen. Nach Schätzungen der WHO sterben jedes Jahr mindestens 100 000 Menschen durch einen Schlangenbiss, rund 300 000 weitere tragen bleibende Schäden davon. Reisende aus Deutschland und Mitteleuropa unterschätzen diese Gefahr, weil es hierzulande nur wenige Giftschlangen gibt, die zudem auch noch die Flucht ergreifen, wenn sie den Menschen kommen spüren. Die japanische Mamushi-Viper ist da anders gestrickt: Sie geht in Angriffsstellung und lässt sich keineswegs vertreiben. Trotzdem stehen die Überlebenschancen auch nach einem Biss gar nicht schlecht. Das passende Gegengift ist in Japan gut erhältlich, denn die aggressiven Mamushis sind keineswegs selten. Insgesamt gibt es weltweit mehr als 500 giftige Schlangenarten, die Hälfte davon können sogar Menschen töten. Besonders in Afrika und Asien kommt es zu Todesfällen, denn in den tropischen und subtropischen Reisfeldern und Plantagen halten Schlangen sich besonders gerne auf, und auch die Hütten der Ärmsten bieten wenig Schutz gegen die Tiere. Das größte Problem ist die schlechte medizinische Versorgung vor Ort: Magere 3 Prozent der Schlangenbisse werden angemessen behandelt. Oft fehlt den Opfern schlicht das Geld oder die Krankenstation liegt zu weit entfernt. Viele Opfer tauchen in keiner Statistik auf, die Schätzungen der WHO sind wahrscheinlich noch zu niedrig. Laut dem Frankfurter Forschungszentrum *Biodiversität und Klima (BiK-F)* sollen allein in Indien jährlich mehr als 46 000 Menschen an Schlangenbissen sterben, in Pakistan schätzt das *BiK-F* die Zahl auf 6000 Tote, in Myanmar (Birma) sind es bis zu 1000 Todesopfer.

Bleibt die wichtige Frage: »Was tun bei einem Schlangenbiss?« Darauf gibt es leider keine allgemeingültige Antwort außer »Ruhe bewahren«, was dem Betroffenen ziemlich schwerfallen dürfte. Je nach Schlange empfiehlt es sich, die betroffene Stelle sofort mithilfe eines Druckverbandes abzubinden – oder eben nicht. Das im Spielfilm beliebte Aussaugen der Wunde ist nutzlos. Kurzum: Ein Arzt muss her, und das möglichst schnell. Weil es sonst kaum verwertbare Ratschläge gibt, hier lieber ein paar Worte zur Prävention:

SCHLANGENBISSE VERMEIDEN

- Auch wenn es einem den Spaziergang ganz schön vermiesen kann: Bleiben Sie in den Tropen und Subtropen immer auf den Wegen.
- Kniehohes Gras und Reisfelder sind ideale Aufenthaltsorte für Schlangen. Wer hier durchmuss, sollte mit einem Stock »vorstochern« oder wenigstens laut auftreten, sodass Schlangen rechtzeitig flüchten können.
- Feste Hosen (Jeans) und robuste Schuhe können Wunder wirken. Stiefel sind das sicherste Schuhwerk. Natürlich hat niemand so etwas bei einer Tropenreise im Gepäck...
- Schütteln Sie Kleidung, die draußen gelegen hat, immer gut aus.

- Treten Sie niemals näher an eine Schlange heran, auch nicht für das coolste Selfie aller Zeiten.

DER WILL NUR SPIELEN

Verglichen mit Schlangen sind alle nun folgenden Tiere nahezu ungefährlich. Unterschätzen sollte man die vermeintlichen Knuddeltiere trotzdem nicht.

Bären zum Beispiel. Mal ganz davon abgesehen, dass es auch hier jede Menge widersprüchliche Ratschläge gibt, wie man sich bei einem Zusammentreffen verhalten soll. Die einen schwören auf Lärm, die anderen empfehlen den leisen Rückzug. Egal wofür Sie sich entscheiden: Näher treten, am Ende gar füttern oder anfassen, wie man es bei Touristen in Rumänien manchmal sieht, ist keine gute Idee! Gleiches gilt auch für Affen. Orang-Utans mögen sehr sanftmütig sein, andere Affenarten sind es meist nicht. Der größte Anfängerfehler: Ihnen ins Gesicht starren. Denn das verstehen Affen als Herausforderung – zum Kampf, nicht zum Spiel. Wenig Spaß verstehen auch die knuddeligen Nilpferde, wenn man sich ihnen nähert, was auf einer Safari immer mal passieren kann. Die schwergewichtigen Kolosse wiegen zwar fast zwei Tonnen, sind aber schneller, als in der Zone-30 erlaubt ist, und können ihr Maul auf gut 1,2 Meter aufreißen. Da passt ordentlich was rein. Ein vorlauter Touri zum Beispiel. Rund 100 Menschen werden pro Jahr bei Flusspferdangriffen getötet.

GRÜNE FEINDE

Wenn es um Gefahren in der Natur geht, schauen die meisten Menschen auf die Tierwelt. Doch auch Pflanzen sind einen kritischen Blick wert, denn manch eine von ihnen löst schon bei Hautkontakt schwere Folgen aus. Der nordamerikanische Gift-Efeu zum Beispiel wirkt wie eine Brennnessel auf Anabolika, der tropische Buta Buta, auch

DIE SACHE MIT DEN ZAHLEN

Wenn es um Tier-Attacken geht, sind Statistiken nicht besonders zuverlässig und die Dunkelziffern hoch. Denn Menschen, die von Tieren getötet werden, können später naturgemäß nicht mehr davon erzählen. Außerdem: Verschwunden oder vom Tiger gefressen? Wer weiß das schon so genau in den Sundarbans-Mangrovenwäldern von Bangladesch? In vielen Ländern der Welt ist der einzelne Tote keine Meldung wert, wenn ohnehin Tausende hungern oder von Infektionskrankheiten dahingerafft werden. Und je ärmer das Land, desto schlechter die medizinische Versorgung und damit auch die Möglichkeit, in irgendeiner Statistik zu landen.

MIT DER SPRAYDOSE IN DEN KNAST

Deutsche Jogger wissen sie zu schätzen: Handliche CS-Gas- oder Pfeffer-Spraydosen, die im Ernstfall Hunde, Wildschweine und andere Tiere oder gar menschliche Angreifer auf Abstand halten. Das klappt natürlich nicht immer, und der ein oder andere Sprayer hat sich bei Gegenwind schon selbst außer Gefecht gesetzt. Dennoch: Man fühlt sich sicherer und manchmal hilft es wirklich. Wer nun aufgrund dieser Erfahrungen die Spraydose ins Gepäck stopft, lebt mitunter gefährlich. In Malaysia, Taiwan, Saudi-Arabien und der Mongolei ist Pfefferspray genauso legal wie in Deutschland. In Hongkong dagegen gilt es als Waffe. Der Besitz ist verboten und kann mit Gefängnis bestraft werden. Im Iran, in Belgien und Griechenland ist Pfefferspray untersagt, in anderen Ländern wie Kolumbien gibt es Altersbeschränkungen, in Kanada darf es nur als Schutz gegen Bären mitgeführt werden, und in Neuseeland braucht man eine polizeiliche Erlaubnis.

ALLE VÖGEL FLIEGEN HOCH!

Natürlich kann man sich auch vor Tieren ängstigen, die eigentlich nicht gefährlich sind. Menschen mit Ratten- oder Katzenphobie wissen, was gemeint ist. Besonders schwierig wird das Reisen jedoch bei einer Vogelphobie. Dabei sind es nicht unbedingt die Vögel selbst, sondern ihr unkontrolliertes Geflatter, das den Ornithophobiker in Panik versetzt. Ein Spaziergang über den Markusplatz in Venedig fällt damit genauso flach wie ein Ausflug in den Park. Eigentlich weiß man nie, wo man einem Vogel begegnen wird. Ähnlich verhält es sich auch mit der Angst vor Schmetterlingen, die ebenfalls ziellos herumflattern. Eine Abkürzung aus dieser Angst gibt es nicht. Manch ein Leidender hat mit der Konfrontationstherapie gute Erfahrungen gemacht. Im Grunde kann man diesen Phobikern nur raten, nicht gerade während des Vogelflugs zu reisen.

Zu den berühmten Vertretern dieser Phobien gehören übrigens David Beckham (Vögel) und Nicole Kidman (Schmetterlinge), die beide keinen Hehl daraus machen.

Blinding Tree genannt, macht seinem Namen alle Ehre. Sein Milchsaft kann bei Augenkontakt zu Sehschäden oder sogar Blindheit führen, und auch auf der Haut hinterlässt er Verätzungen. Dann wäre da noch der Manchinelbaum, dessen Sekrete so giftig sind, dass sogar noch das von den Blättern tropfende Wasser Schäden verursachen kann.

In den Tropen lohnt sich aber vor allem der Blick nach oben, auf die Kokosnusspalmen und ihre Nüsse. Die Frage ist nicht, ob eine Kokosnuss runterkommt, sondern wann – wenn die Einheimischen sie nicht vorher kontrolliert vom Baum schlagen. Eine ausgewachsene Kokosnuss wiegt bis zu zwei Kilo. Aus bis zu 30 Metern Höhe wird schnell ein tödliches Geschoss daraus. Wie viele Menschen wirklich von ihnen getroffen werden, weiß man nicht – verlässliche Statistiken sind Mangelware, nicht zuletzt weil gerade in abgelegenen Gebieten niemand sie erhebt. Wer je den dumpfen Aufprall einer fallenden Kokosnuss auf den Dächern thailändischer Hütten gehört und die Dellen im Blech gesehen hat, weiß um die Gefahr.

8 GUT GESPÜLT IST HALB GEWONNEN

Über Toiletten spricht man nicht. Leider,
denn sie bergen ein großes Potenzial, jede noch
so schöne Reise zu vermiesen.

Ein schmieriges Loch im Boden, die Betonschale mit Urinstein und anderen Gebrauchsspuren verkrustet, die Seitenwände so eng, dass sich die Ärmel unweigerlich in eine wissenschaftlich interessante Bakterienprobe verwandeln, während einem die olfaktorischen Dämpfe die Sinne vernebeln. Falls Sie zu den Menschen gehören, die bei dem Anblick (und einem – großer Fehler! – Atemzug durch die Nase) sofort alle Darmtätigkeiten für die nächsten Tage oder gar Wochen einstellen, weil das Unterbewusstsein dem vegetativen System einen Riegel vorschiebt – »Hier gehen wir nicht auf Klo!« –, dann sind Sie in guter Gesellschaft. Auch wenn es keine offiziellen Zahlen gibt, scheint die Reiseverstopfung gerade unter Frauen eine ziemlich weitverbreitete Angelegenheit zu sein. Das hat zu großen Teilen mit Ekel zu tun, hier und da aber auch mit Überforderung: Wie geht das hier? Wie schließt man die Tür? Und was mache ich, wenn jemand über den Rand schaut? Warum klopfen Menschen an meine Tür, und wie bitte funktioniert die Spülung? Dass es Männer nicht ganz so schlimm erwischt, hat oft schlicht organische Gründe: Sie müssen zumindest beim Pinkeln nur die eigene Ausstattung berühren. Vielleicht sprechen sie aber auch nur seltener über Toilettenprobleme.

Komplett verdreckte, ekelhafte Toiletten, die man zu Hause niemals auch nur in Erwägung ziehen würde, gibt es überall auf der Welt. Zum Beispiel hier und da noch an abgelegenen französischen Autobahn-Raststätten – den vergammelten ohne Restaurant –, mitten in Hongkong oder auf dem Basar in Kuala Lumpur. Und während man sich das Essen ziemlich lange verkneifen kann, ist man den sanitären Anlagen schon am ersten Tag ausgeliefert: Selbst Reisende mit eiserner Disziplin müssen irgendwann der Natur nachgeben, im Durchschnitt fünf- bis siebenmal am Tag.

Das Problem ist: Toiletten sind per se ein unappetitliches Thema, das weder in Reisekatalogen noch in Reiseführern besonders intensiv behandelt wird, deshalb birgt der Gang zur Toilette im Ausland einen gewissen Überraschungsfaktor. Dabei haben gerade die sanitären Anlagen das Potenzial, der Erholungskurve im Urlaub einen echten Knick zu verpassen – in vielerlei Hinsicht. Wer die Risiken kennen will, kommt allerdings nicht umhin, sich näher mit Toiletten zu beschäftigen.

TOILETTEN – EINE KURZE ÜBERSICHT

A) DIE WESTLICHE SITZ-TOILETTE

Ein Klobecken, obendrüber eine Brille zum Rauf- und Runterklappen, eine Spülung in Form einer Plastiktaste. Dieses Modell beherrscht der Europäer. Eine Garantie für Sauberkeit ist das natürlich nicht und nur die wenigsten setzen sich gerne mit nacktem Hintern auf fremde Brillen. Gerade bei großen Geschäften kann das problematisch werden. Reisende, die regelmäßig Ski-Gymnastik betreiben (Stichworte: leichte Hocke, Abfahrt) sind klar im Vorteil. Andere mutieren zum Nestbauer und legen eine Startbahn aus Papier auf die Brille. Echte Profis greifen dabei auf Mitgebrachtes zurück, denn die Rolle vor Ort, wenn es denn eine gibt, ist oft hochgradig verseucht. Bei jedem Spülvorgang werden rund 25 000 Viren und 600 000 Bakterien in die Luft geschleudert, die sich im Umkreis von zwei Metern niederlassen, auch auf dem Klopapier.

Wie vermeidet man den gefürchteten Kontakt mit der Klobrille? Im Fernen Osten und in Afrika findet man auf der Damentoilette immer wieder mal Schuhabdrücke auf der Klobrille: Minutenlang in der freien Hocke verharren, das ist nicht jedermanns Sache. Was im Übrigen gar nicht so einfach ist, noch dazu wenn man hochhackige Schuhe trägt. Die Spuren belegen: Es geht – allerdings mit Sicherheit auch oft schief.

Das größte Hygieneproblem lauert übrigens außerhalb der Kabine: Rund zwei Drittel aller Männer und ein Drittel aller Frauen waschen sich nach dem Toilettengang nicht die Hände.

B) DIE HOCKTOILETTE

Eine in den Boden eingelassene Sanitärschüssel mit einem Loch und ein enger Verschlag: Fertig sind die Zutaten für einen rundum unangenehmen Aufenthalt. In Asien, Afrika, Südamerika und vielen östlichen Ländern erfreut sich dieses Modell großer Beliebtheit. Mediziner und andere (oft selbstberufene) Experten werden nicht müde zu betonen, wie gesund das ist, denn durch die Hocke soll es besonders leichtfallen, den Darm zu entleeren. Ungeübte Benutzer entleeren hier aber vor allem ihre Hosentaschen und hören zu, wie Autoschlüssel und Kleingeld klimpernd im sanitären Nirwana verschwinden. Spätestens ab 60 Jahre aufwärts fällt es auch nicht immer leicht, danach wieder auf die Beine zu kommen. Mit einem schweren Rucksack auf dem Rücken hat es schon manch einen Alleinreisenden nach hinten gerissen.

Die Hardcore-Variante der Hocktoilette ist die öffentliche Version, wie man sie in China oft noch findet: Bis zu zehn Bodenschüsseln nebeneinander, verbunden durch eine gekachelte Rinne, die alle zehn Minuten mit Schwung gespült wird. Mit ein bisschen Pech kann man sich so *en détail* über den Stand der Verdauung des Vorgängers informieren und, wenn die Trennwände fehlen, live und in Farbe miterleben, wie sich der Nachbar oder die Nachbarin erleichtert.

WIE MAN EINE HOCKTOILETTE BENUTZT

- Raffen Sie Schals oder lange Hemden hoch und halten Sie alles gut fest.
- Entfernen Sie lose Gegenstände vor dem Toilettengang aus den Hosentaschen, wenn Sie sie nicht beim Hinhocken leise das Fallrohr herunterklimpern hören möchten.
- Die Richtung überprüfen, sonst sitzt man entweder überraschend auf dem Rand oder tritt mit nassen Schuhen wieder in Freie.
- Nutzen Sie zum Spülen den kleinen Hebel. Er ist nicht umsonst auf Fußhöhe angebracht.
- Bevor Sie sich hinhocken, klären Sie: Wie komme ich wieder hoch?

C) DIE ETWAS ANDERE TOILETTE

Wer die Toilette im *Shiyanhu Ecologic Park* nahe der chinesischen Stadt Changsha besucht, darf sich überraschen lassen. Nicht, weil sie ausschließlich aus durchsichtigen Scheiben besteht – sondern weil sie WIRKLICH komplett von außen einsehbar ist. Wetten, die meisten Besucher hoffen auf einen witzigen Effekt? So etwas wie »Sieht durchsichtig aus, ist es aber bestimmt doch nicht«. Wer weniger exhibitionistisch veranlagt ist, aber auch beim Toilettengang nicht auf die Aussicht verzichten will, dem sei ein Besuch in der *London's Tate Britain Gallery* ans Herz gelegt: Hier ist die Kabine nur in eine Richtung durchsichtig, von innen nach außen. Für weniger Hartgesottene ist

Lausanne richtig. Dort wurden Toiletten aufgestellt, deren gläserne Umschirmung auf Knopfdruck opak wird. Auf diesen Kniff hoffen wohl auch die Besucher von Shiyanhu – jedoch leider vergebens.

Nicht ganz so anders, aber ebenfalls unvergleichlich sind die japanischen Hightech-Toiletten. Mit ihrer Vielzahl von Funktionen verwirren sie westliche Erstbenutzer so sehr, dass es quasi zum Japan-Initiationsritus gehört, sich die Hinterndusche auf der Restaurant-Toilette versehentlich auf den Hosenstall zu richten und mit diesem peinlichen Wasserfleck in den Gastraum zurückzukehren.

PAPIER-PROBLEME

Nach der Benutzung stellt sich die Frage, wohin mit dem Papier, das oft nicht in die Toilette darf – ein Indiz dafür ist entweder der stinkende, überquellende Mülleimer oder die Überschwemmung, die der westliche Besucher verursacht, wenn er sich diese Frage zu spät stellt. Weltweit sind die meisten Toiletten so ausgelegt, dass sie am Transport des Wischpapiers scheitern.

Doch wie handhaben es die Einheimischen? Vor allem im moslemischen und hinduistischen Kulturkreis, aber auch in vielen anderen Regionen, benutzt man anstelle des Toilettenpapiers Wasser und die linke Hand, die dann im Alltag nach allgemeiner Konvention nicht mehr zum Händeschütteln oder Essen taugt. Ist kein Wasserschlauch vorhanden, dann tut es ein Schwung aus dem Wassereimer, zum Beispiel in Thailand und Malaysia. Man schleudert das Wasser von vorne mit einer kleinen Kelle Richtung Hintern. Und ja, man muss mit der Hand ganz tief im

Eimer fischen, um das kleine Ding heraufzuholen. Sicher ist: Bei der Eimer-Version sollte man sich an eine wichtige Grundregel halten: Niemals, wirklich niemals in den Eimer schauen.

WOHIN MIT DEM TOILETTENPAPIER?

LAND	EIMER	SPÜLUNG	KLO-PAPIER?	HAND + WASSER	ANMERKUNGEN
AFGHANISTAN	X			X	TOILETTEN SIND SELTEN. GENAUSO WIE TOILETTENPAPIER
ÄGYPTEN	X			X	
ALBANIEN	X	X	X	X	JE NACH TOILETTENSTANDARD
ALGERIEN	X			X	
ANDORRA		X	X		
ANGOLA	X			X	TOILETTE GEFUNDEN? GLÜCK GEHABT. FLYING TOILETS
ANTIGUA	X				
ARGENTINIEN	X	X	X		MAL SO, MAL SO…
ARMENIEN	X		X		
ASERBAIDSCHAN	X			X	
AUSTRALIEN		X	X		
BAHRAIN	X	X		X	KOMMT DARAUF AN, WO: IM HOTEL? KEIN PROBLEM. AUF DEM DORF MUSS ES DER EIMER SEIN
BANGLADESCH	X			X	
BENIN	X		X		
BRASILIEN	X		X		
BRUNEI	X	X		X	IM ZWEIFELSFALL DEN EIMER NEHMEN
BURKINA FASO	X			X	
BURUNDI	X			X	

LAND	EIMER	SPÜLUNG	KLO-PAPIER?	HAND + WASSER	ANMERKUNGEN
CHILE	X	X	X		JE NACH STANDARD. WENN EIN EIMER DASTEHT: BENUTZEN!
CHINA	X		X		ÖFFENTLICHE TOILETTEN: EIMER! DIE GANZ RUSTIKALEN LÖCHER IM BODEN: PAPIER REINWERFEN. SCHICKE TOILETTEN GEGEN GELD
COSTA RICA	X		X		
DOMINIKANISCHE REPUBLIK	X		X		IN DEN RESORTS GIBT ES POTENTE TOILETTEN, DIE DAS PAPIER BEWÄLTIGEN
ECUADOR	X		X		
FIDSCHI	X		X		ÖFFENTLICHE TOILETTEN SIND SELTEN
FRANKREICH		X	X		DIE BERÜHMTEN FRANZÖSISCHEN BODENTOILETTEN SIND SELTEN GEWORDEN. WER SIE UNBEDINGT KENNENLERNEN MÖCHTE, SOLLTE EINE ENTLEGENE RASTSTÄTTE AUFSUCHEN
GAMBIA	X			X	
GRIECHENLAND	X		X		
INDIEN	X			X	ÖFFENTLICHE TOILETTEN SIND SELTEN
INDONESIEN	X			X	
IRAN	X			X	
ISRAEL		X	X		
JAPAN		X	PAPIER / WASSER		FAST ALLE TOILETTEN BIETEN AUF KNOPFDRUCK EINEN AUTOMATISCHEN REINIGUNGSSTRAHL
KAMBODSCHA	X		X		
KANADA		X	X		
KENIA	X			X	ÖFFENTLICHE TOILETTEN SIND SELTEN, FLYING TOILETS SIND WEIT VERBREITET
KOLUMBIEN	X		X		ÖFFENTLICHE TOILETTEN TEILS GEGEN GELD
KONGO	X		X		TOILETTEN SIND SOWIESO MANGELWARE

LAND	EIMER	SPÜLUNG	KLO-PAPIER?	HAND + WASSER	ANMERKUNGEN
KROATIEN		X	X		
KUBA	X		X		
LAOS	X		X		
LETTLAND		X	X		
MALAYSIA	X			X	
MALEDIVEN	X	X		X	SPÜLEN AUF DEN TOURISTENINSELN, ALLE ANDEREN INSELN: EIMER
MALTA		X	X		
MAROKKO	X			X	
MEXIKO	X		X		
MONGOLEI	X		X		
NEPAL	X			X	
NEUSEELAND		X	X		
NIGERIA	X			X	
ÖSTERREICH		X	X		
PAKISTAN	X			X	
PANAMA		X	X		MIT AUSNAHME ABGELEGENER ORTE
PAPUA-NEUGUINEA	X			X	
PERU	X		X		
PHILIPPINEN	X		X		
POLEN		X	X		
RUSSLAND	X	X	X		ÄLTERE TOILETTEN HABEN NOCH EINEN EIMER
SAUDI-ARABIEN	X			X	TROTZ MODERNER TOILETTEN: PAPIER MUSS OFT IN DEN EIMER
SCHWEDEN		X	X		
SINGAPUR	X	X	X	X (VOR ALLEM DIE MALAIISCHE UND INDISCHE BEVÖL-KERUNG)	MODERNE TOILETTEN NEHMEN ALLES, WENN EIN EIMER DASTEHT: BENUTZEN!

LAND	EIMER	SPÜLUNG	KLO-PAPIER?	HAND + WASSER	ANMERKUNGEN
SRI LANKA	X			X	
SÜDAFRIKA	X	X	X		AUF DEM LAND BESSER DEN EIMER BENUTZEN
SÜDKOREA	X	X	X		JE NACH REGION
TAIWAN	X	X	X		ALTE TOILETTEN VERTRAGEN KEIN PAPIER, DAS ABWASSERSYSTEM WIRD JEDOCH NACH UND NACH ERNEUERT – UND BESSER!
TANSANIA	X	X		X	MODERNE TOILETTEN VERTRAGEN DAS PAPIER
THAILAND	X			X	
TUNESIEN	X		X	X	JE NACHDEM, WIE ALT DIE TOILETTE IST
TÜRKEI	X	X		X	MAL SO, MAL SO...JE NACH REGION. FALLS EIN EIMER DASTEHT: BENUTZEN!
UNGARN		X	X		
USA		X	X		
USBEKISTAN	X		X	X	JE NACH REGION: AUF DEM LANDE SIND DIE TOILETTEN EHER RUDIMENTÄR
VEREINIGTE ARABISCHE EMIRATE		X		X	HIER GIBT ES PRAKTISCH IMMER EINEN EIGENEN SCHLAUCH, MIT DESSEN WASSERSTRAHL MAN SICH SÄUBERT
VIETNAM	X		X		MODERNE TOILETTEN KÖNNEN ES...
WEISSRUSSLAND	X		X		
JEMEN	X			X	
ZIMBABWE	X		X		TOILETTENPAPIER IST NUR SELTEN VORHANDEN
ZYPERN	X		X		

SCHLIMMER GEHT IMMER

Vor lauter Ekel übersieht man allerdings, wo das wahre Hygieneproblem liegt – all jene Menschen, die eine Toilette haben, egal wie dreckig und pestilent sie sein mag, dürfen sich glücklich schätzen, denn in vielen Ländern der Welt sind Toiletten Mangelware. Ein erstaunlich hoher Anteil der Menschheit hat keinen Zugang zu sanitären Anlagen. Wie viele es genau sind, ist strittig: Manche sprechen von 2,6 Milliarden, andere Statistiken von rund einer Milliarde. Wie kommt dieser Unterschied zustande? Die Fachliteratur unterscheidet zwei Toilettenstandards: »improved« und »unimproved«. Wer sein Geschäft über einem Erdloch verrichtet oder von einem Erker aus in einen Fluss, der hat zwar schon irgendwie eine Toilette, aber eben keine hygienisch angemessene, sie gilt damit als »unimproved«. 1,6 Milliarden Menschen müssen sich also mit Toiletten zufriedengeben, die diesen Namen eigentlich nicht verdienen.

Eine Milliarde Menschen davon, also rund ein Sechstel der Weltbevölkerung, praktizieren das, was man gerne verklausuliert als »offene Defäkation« bezeichnet. Im Klartext: Sie scheißen irgendwo in die Landschaft, hinter Häuser, unter Brücken, auf die Felder. In anderen Fällen werden zwar Toiletten gebaut, aber niemand überprüft, ob sie denn von der Bevölkerung angenommen werden. Ganz generell wird dieses sanitäre Problem nur selten in der Öffentlichkeit thematisiert. Auch in politischen Programmen macht sich der Kampf für Sanitäranlagen längst nicht so gut wie etwa der Einsatz für sauberes Wasser oder eine verbesserte medizinische Versorgung.

Dabei sind die Konsequenzen, die aus den sanitären Missständen erwachsen, weitreichender, als es auf den ersten Blick scheint. Denn Exkremente sind randvoll mit Bakterien und Viren. Rund eine Million davon findet sich in jedem Gramm. Je länger sie offen in der Landschaft herumliegen, desto höher die Konzentration. Sickern die Krankheitserreger in den Boden, dauert es nicht lange bis sie im Trinkwasser wieder auftauchen. Außerdem dauert es nicht lange, bis die Fliegen um den Haufen schwirren. Der Zugang zu sauberem Wasser nützt wenig, wenn jede Fliege, die sich aufs Essen setzt, ein bisschen Kot darauf zurücklässt. Dies erklärt übrigens ziemlich gut, warum auch Reisende, die die Dritte Welt auf Fünf-Sterne-Niveau bereisen, gerne mal vom Durchfall heimgesucht werden.

Aber sind Exkremente nicht gleichzeitig guter Dünger? Die Antwort lautet: Ja und nein. Erst wenn sie eine Zeit lang fachkundig kompostiert wurden, lassen sie sich ohne Gefahr für die Gesundheit verwenden.

INDIENS FREILUFT-PROBLEM

In keinem Land ist das Problem so offensichtlich wie in Indien. Vor Ort mag man das nicht gerne hören und schon gar nicht diskutieren, doch die Faktenlage ist eindeutig und selbst Reisende auf Luxusniveau kommen nicht umhin, des Problems gewahr zu werden, denn frühmorgens scheint hinter jedem Busch eine Gestalt zu kauern, rattern die Züge an blanken Hintern vorbei, sodass der Reisende mehr über die Verdauung der Einwohner erfährt, als er je wissen wollte.

Dahinter steckt besagtes unappetitliches und selten thematisiertes, aber deshalb nicht weniger wichtiges Problem: Viele der kleinen Hütten der ärmeren Inder verfügen weder über fließendes Wasser noch über einen Anschluss an die Kanalisation. Den Menschen bleibt nichts anderes übrig als der Gang aufs nächste Feld. Was im Übrigen nicht nur optisch wenig ansprechend, sondern nicht ganz ungefährlich ist: Die WHO schätzt, dass in Indien jedes Jahr 600 000 Menschen an Durchfallerkrankungen sterben – das entspricht ziemlich genau der Zahl der Freiluft-Scheißer.

Dass gerade Indien so sehr unter diesem Problem leidet, ist auf die weitverbreitete Armut und religiöse Vorstellungen zurückführen. Toiletten kosten Geld, und das ist knapp auf dem Land, wo viele Eltern es sich nicht leisten können, ihre Kinder zur Schule zu schicken. Bevor in sanitäre Anlagen investiert wird, gäbe es also noch ein paar andere dringende Investitionen. Genauso funktioniert diese Begründung jedoch auch andersherum: Gerade weil es an vielen Schulen keine Toiletten gibt, brechen vor allem Mädchen oft mit der Pubertät die Ausbildung ab. Im Hinduismus gelten Exkremente außerdem als unrein. Sie im Haus loszuwerden, gar in der Nähe der Küche, wird als ekelerregend empfunden und widerspricht den Hygienevorstellungen. Außerdem ist alles, was mit Toiletten zu tun hat, Sache der Dalit, der Mitglieder der untersten Kaste. Bis heute leeren sie für einen Hungerlohn die Sickergruben der oberen Kasten und werden dafür noch verachtet.

Nun muss man fairerweise sagen: Indiens Regierung arbeitet an den Problemen. Der indische Premierminister Narendra Modi hat die Sache immerhin thematisiert und sogar ein hehres Ziel ausgerufen: Bis Oktober 2019 sollen alle Inder Zugang zu einer Toilette erhalten. 100 Millionen einfache Toiletten will die Regierung bis dahin bauen lassen. Ob die Menschen sie benutzen, bleibt abzuwarten, denn selbst in den 40 Prozent der indischen Haushalte mit Toilette geht weiterhin mindestens ein Familienmitglied zur Darmentleerung auf die Felder. In anderen Fällen werden die kleinen Sanitärhäuschen nach kurzer Zeit in Ziegenställe oder Schuppen umfunktioniert, weil sich niemand um die Instandhaltung oder die regelmäßige Leerung kümmern möchte.

RELIGION AUF DEM STILLEN ÖRTCHEN

Im Hinduismus gibt es Vorschriften zum Thema Toiletten, auch der Islam kennt allerhand Regeln für den Sanitärbereich. So sind Wasserspritzer unbedingt zu vermeiden. Logisch, dass Sitztoiletten dann nicht die erste Wahl sind und auch im Stehen pinkeln nicht erlaubt ist. Selbst die Ausrichtung der Toilette ist eine diffizile Frage. Mit dem Kopf oder dem Hintern in Richtung Mekka die Notdurft zu verrichten ist nicht gerne gesehen – besser sitzt man im 90°-Winkel. Das irische *Beaumont Hospital* ließ aus diesem Grund 2007 neue Toiletten bauen, die den islamischen Vorschriften Genüge tun. Einen Koran darf man übrigens nicht mit auf die Toilette nehmen, genauso wenig irgendeinen Gegenstand, der mit dem Namen Allahs oder religiösen Versen versehen ist.

Ohnehin ist die Verteilung sanitärer Anlagen landesweit sehr unterschiedlich: In Jharkhand sind beispielsweise 78 Prozent der Haushalte ohne Toilette, in Orissa 78 Prozent, in Bihar 77 Prozent und in Madhya Pradesh 71 Prozent, in Sikkim und Kerala dagegen verfügen nahezu alle Wohnhäuser über eine Toilette. Für alle Reisenden, die eine Rucksack-Tour mit tiefen Einblicken in das Leben der Einheimischen planen, sind diese Zahlen garantiert interessant…

TOILETTENMANGEL WELTWEIT

Allerdings steht Indien mit diesen sanitären Problemen nicht alleine da. Auch in Afrika fehlt es an stillen Örtchen. Dass diese Tatsache in Europa kaum bekannt ist, liegt schlicht daran, dass nur wenige ausländische Besucher Afrika bereisen und selbst dann kaum ein Tourist den Alltag jenseits der Mauern des Urlaubsresorts kennenlernt. Typisch für viele Länder Afrikas sind die sogenannten *flying toilets,* vor allem in Kenia. Falls Sie sich als Besucher jemals gefragt haben, was wohl in den vielen kleinen Plastiktüten ist, die man am Wegesrand liegen sieht, dann wissen Sie es jetzt. Mangels Toiletten erleichtern sich viele einfach in einen Plastikbeutel und schmeißen ihn dann weit von sich (daher auch das Adjektiv »flying«). Auch in Brasilien oder Haiti sollte man sich von den herumliegenden Plastikbeuteln fernhalten.

Auch in Afrika nehmen sich diverse Organisationen des Problems an. Erfolge werden häufig durch die Verstädterung und die damit einhergehende Slumbildung wieder zunichtegemacht. Gleiches gilt für Südamerika: Dort haben 110 Millionen Menschen keinen Zugang zu Toiletten.

AUF EINEN BLICK

Um die Chance auf einen ordentlichen Reisedurchfall zu erkennen, reicht es daher, einen Blick auf folgende Tabelle zu werfen: Je höher der Anteil der Bevölkerung ohne anständige Toilette, desto höher ist die Wahrscheinlichkeit, sich einen Krankheitserreger fäkalen Ursprungs einzufangen. Eine anständige Toilette zeichnet sich dadurch aus, dass die Fäkalien nicht offen liegen bleiben, also in irgendeiner Weise entsorgt werden, und ein Mindestmaß an Hygiene herrscht.

LAND	BEVÖLKERUNGSANTEIL OHNE ZUGANG ZU ANSTÄNDIGEN TOILETTEN IN %
SÜDSUDAN	91
NIGER	89
MADAGASKAR	88
TOGO	88
KONGO	85
ERITREA	84
TANSANIA	84
PAPUA-NEUGUINEA	81
UGANDA	81
ELFENBEINKÜSTE	78
NIGERIA	71
KENIA	70
NAMIBIA	66
OSTTIMOR	65
INDIEN	60
NEPAL	56
SENEGAL	52

LAND	BEVÖLKERUNGSANTEIL OHNE ZUGANG ZU ANSTÄNDIGEN TOILETTEN IN %
BHUTAN	50
BOLIVIEN	50
GHANA	49
ANGOLA	48
GUATEMALA	46
MONGOLEI	40
INDONESIEN	39
PAKISTAN	36
SÜDAFRIKA	34
MAROKKO	33
NICARAGUA	32
KAMERUN	31
LAOS	29
RUSSLAND	28
ÄGYPTEN	27
PHILIPPINEN	26
PANAMA	25
MOLDAWIEN	24
PERU	24
VOLKSREPUBLIK CHINA	24
VIETNAM	22
RUMÄNIEN	21
SURINAM	21
BIRMA	20
KOLUMBIEN	19
LIBANON	19
JAMAIKA	18
BRASILIEN	17
ECUADOR	15
MEXIKO	15

LAND	BEVÖLKERUNGSANTEIL OHNE ZUGANG ZU ANSTÄNDIGEN TOILETTEN IN %
BULGARIEN	14
ALGERIEN	12
IRLAND	10
TUNESIEN	8
THAILAND	7
TÜRKEI	5
LIBYEN	3
VEREINIGTE ARABISCHE EMIRATE	2
BAHRAIN	1
JORDANIEN	1

Quelle: *Progress on Sanitation and Drinking Water: 2015 Update* der UNICEF

Der gleiche Report beinhaltet eine weitere spannende Statistik: eine Erhebung darüber, wie viel Prozent der Menschen zu Hause die Gelegenheit haben, sich mit Wasser und Seife die Hände zu waschen. Zwar wurden nicht für alle Länder Daten erhoben, doch auch die wenigen Angaben aus dem Jahr 2010 sind furchterregend genug. Hier ein kleiner Auszug:

LAND	BEVÖLKERUNGSANTEIL MIT HÄNDEWASCHGELEGENHEIT ZU HAUSE IN %
ÄTHIOPIEN	1
RWANDA	2
MALAWI	3
BURUNDI	5
UGANDA	8
BENIN	9
GHANA	10
MALI	10
TOGO	10
GAMBIA	11
MOZAMBIK	11
NIGERIA	12
ELFENBEINKÜSTE	13
SENEGAL	18
BANGLADESCH	21
HAITI	22
AFGHANISTAN	39
NAMIBIA	47
NEPAL	48
KAMBODSCHA	51
JAMAIKA	52
PAKISTAN	54
MONGOLEI	61
BARBADOS	72
COSTA RICA	72
TADSCHIKISTAN	73
INDONESIEN	74
TUNESIEN	78
HONDURAS	79
MOLDAWIEN	82
ARMENIEN	85
KIRGISTAN	85
VIETNAM	85

MONTEZUMAS RACHE UND WAS SIE DAVOR BEWAHRT

Das Robert-Koch-Institut fasst in einem Bericht über »Gesundheitsprobleme bei Fernreisen« diverse Studien zusammen, nach denen etwa ein Drittel aller Reisenden in tropischen und subtropischen Regionen an Durchfällen litten. Weiter heißt es, dass ein Drittel der so Erkrankten »kurzfristig reiseunfähig waren und der Durchfall zu 60–80 Prozent von Bakterien, zu 5–10 Prozent von Parasiten und zu etwa 5–20 Prozent von Viren verursacht würde«. Nach der Lektüre der vorangegangenen Seiten muss man nicht lange raten, woher die meisten Verunreinigungen stammen und wie sie ins Essen gelangt sind. Wie kann man sich also vor einer Durchfallerkrankung schützen?

Die üblichen Regeln kennt mittlerweile jeder: Kein Wasser aus dubiosen Quellen, nichts Rohes essen und keine Nahrungsmittel wählen, die schon lange in der Auslage liegen. Der Tipp, erst nach dem Essen zu trinken, um die Magensäure unverdünnt arbeiten zu lassen, ist medizinisch umstritten, viele schwören jedoch darauf. Sicher ist: Scharfe Gewürze machen vielen Krankheitserregern den Garaus – nicht ohne Grund wird in heißen Ländern oft feurig gekocht.

Für alle, die es dann doch erwischt, gelten die folgenden Regeln:

- Durchfall ist ein bisschen wie die Resterampe: Alles muss raus! Der Körper versucht, die Krankheiterreger wieder loszuwerden, und daran sollte man ihn erst mal nicht hindern. Der Griff zu Medikamenten, um die

Darmbewegungen zu unterbinden, kann die Symptome sogar verschlimmern.

- Erwachsene halten Durchfall einige Zeit aus. Kinder dagegen müssen zum Arzt, wenn sich nicht innerhalb eines Tages eine Verbesserung ergibt oder sie einen sehr matten Eindruck machen.
- Stellt sich nach drei Tagen keine Besserung ein, sollten auch Erwachsene über einen Arztbesuch nachdenken.
- Bei Durchfallerkrankungen sollte man viel trinken, am besten auch Salziges wie eine Suppe, ausruhen und abwarten. Den ersten Kaffee danach nehmen Sie in strategisch kurzer Entfernung zur Toilette zu sich.
- Wenn der Hunger zuschlägt: Salziger Reisbrei ist gut verdaulich und stopft, ansonsten tut es auch eine gebackene Süßkartoffel oder trockene Kekse.

DER SCHLUCK AUS DER KLOAKE

Logisch, dass sich aus der Fäkal-Problematik ein weiteres Problem ergibt: die Versorgung mit sauberem Wasser!

Dort, wo der Boden durch Exkremente belastet ist, landen Krankheiterreger schnell in Bächen, Flüssen und schließlich auch in Seen. In den Tropen und Subtropen finden sie dort ein ideales Umfeld und den direkten Weg zurück zum Menschen. Noch immer sind Millionen auf das verseuchte Wasser angewiesen. Viele trinken es, ohne es vorher abzukochen, denn Brennmaterial ist knapp und teuer. Rund 750 Millionen Menschen auf der Welt haben keinen Zugang zu sauberem Wasser. Selbst dort, wo es aus der Leitung kommt, ist es nicht zwingend trinkbar, denn oft wird es nur unzureichend aufbereitet.

Wassermangel führt in allen Lebensbereichen zu einem Mangel an Hygiene. Anders gesagt: Je weiter man die Kanister schleppen muss, desto geringer ist die Bereitschaft, das kostbare Nass hinterher durch Händewaschen zu verschwenden.

9 WEHE, WENN DER DOKTOR (NICHT) KOMMT

Es gibt Dinge, die will man gar nicht so genau wissen. Zum Beispiel, wie sauber es wirklich in der Küche des Restaurants zugeht. Oder – viel schlimmer – wie eine landestypische Klinik von innen aussieht. Wenn einen denn jemand hinbringt...

Auf dem Markt von Kota Belud, Borneo, sticht Herr Sutra aus der Menge hervor: Er ist der Einzige, der keine Werbung braucht, der seine Produkte nicht lautstark anpreist. Seine Kunden sehen auch nicht zufrieden aus, und doch kennt ihn jeder. Es sind die Schmerzen, die die Menschen in seine Arme treiben: Herr Sutra ist Zahnarzt. Seine Freiluft-Praxis liegt mitten auf dem Marktplatz von Kota Belud auf Borneo, zwischen Fischhändlern, Snackbuden und Gemüseständen. Nur wenn es regnet, macht er den Laden dicht. Immer wieder bleiben Passanten stehen und werfen einen Blick auf den Patienten in Behandlung. Ganz offensichtlich läuft die Praxis gut, denn neben dem CO_2-neutralen Bohrer – fußbetrieben, läuft ganz ohne Strom – türmt sich ein anderthalb Meter hoher Haufen Zähne auf. Eine eindrückliche Reklame! Solche Bilder sind für den ein oder anderen sicher ein triftiger Grund, einfach gar nicht mehr ins Ausland zu fahren. Und für alle anderen hoffentlich eine Anregung, vor der Reise noch mal nach dem Rechten sehen zu lassen.

WILLKOMMEN IM MITTELALTER

Doch nicht nur die Zähne können auf Reisen eine Quelle unangenehmer Überraschungen sein. Eine ganze Reihe Länder überraschen mit Krankheiten, denen man das letzte Mal in einem historischen Roman begegnet ist: Die Pest gibt es derzeit noch in Madagaskar, Mosambik, Simbabwe, Tansania, Uganda, Kongo, Bolivien, Brasilien, Peru, Indien und in Vietnam. Mit einem Antibiotikum lässt sie sich heute gut bekämpfen. Aber bekommt man das überall in Indien? Auch die Schlafkrankheit klingt für uns ein bisschen nach einer Abenteuergeschichte aus den sechziger Jahren, für die Menschen im tropischen Afrika ist sie bittere Realität. Oder wie wäre es mit Lepra? In Europa dank Antibiotika längst ausgerottet, ist sie anderenorts wieder auf dem Vormarsch. Rund 230 000 Neuerkrankungen gibt es jährlich, allein 130 000 davon in Indien. Aber auch in Äthiopien, Bangladesch, Brasilien, China, Elfenbeinküste, Indonesien, Kongo, Liberia, Madagaskar, Myanmar, Nepal, Nigeria, Philippinen, Südsudan, Sri Lanka, Tansania und Uganda gibt es sie noch. Die gute Nachricht ist: Für den Reisenden ist Lepra eigentlich gut heilbar, denn in Europa mangelt es nicht an Antibiotika. Wenn die Lepra denn erkannt wird: Bei einer Inkubationszeit von bis zu 30 Jahren – kein Druckfehler! – muss man erst einmal darauf kommen, dass es sich bei den Symptomen um ein ausgefallenes Mitbringsel von der vor-vor-vor-vorletzten Reise handelt.

SCHAUM VORM MUND

Eine weitere übersehene Gefahr ist die Tollwut. Klar gibt es sie theoretisch auch in Mitteleuropa. Doch hierzulande sind Notfallimpfungen im Fall eines Bisses in jedem Krankenhaus verfügbar – und die gibt es überall im Land. In Afrika, Südamerika und vielen Ländern Asiens darf man sich nicht darauf verlassen. Ohne sofortige Impfung nach dem Biss, eigentlich eine ganze Impfserie, verläuft die Tollwut garantiert tödlich. Das sind ganz schlechte Voraussetzungen für ein »Wird schon nichts passiert sein« oder »Wer weiß, ob der Hund wirklich krank war«. Nach Schätzungen der WHO sterben jährlich rund 55 000 Menschen an Tollwut, die meisten davon in Asien und dort vor allem in Indien. In rund 150 Ländern gilt die Infektion als eine reelle Gefahr. Doch was heißt das für den Reisenden? Eine präventive Impfung ist relativ hochpreisig und wird in Deutschland derzeit nur von einer einzigen gesetzlichen Krankenkasse übernommen. Sie hält circa drei Jahre vor. Überhaupt ist es ziemlich schwierig, das persönliche Risiko zu kalkulieren: Wichtig sind ja nicht nur die Neuinfektionen pro Jahr, die (man kann es nicht oft genug sagen) automatisch tödlich enden, sondern die Fragen:

- Ist die Wahrscheinlichkeit hoch, dass man während der Reise häufig in Kontakt mit Tieren kommt, beispielsweise mit Straßen- oder Hofhunden?
- Wie hoch ist der Anteil der infizierten Tiere im Reiseland?

- Wie viele Menschen haben im betreffenden Reisejahr die sogenannte postexpositionelle Prophylaxe, die Impfung danach, empfangen? Wie vielen Menschen konnte also bei einer Infektion im Reiseland effektiv geholfen werden?
- Gibt es den Impfstoff überall im Land oder nur in einigen Regionen?

Da in vielen Ländern nicht einmal die Angaben über Todesopfer verlässlich sind, darf man bei einer Reise jenseits der All-inklusive-Resorts durchaus darüber nachdenken. In der Tabelle finden Sie die Grunddaten zu den vermuteten Tollwut-Infektionen in einigen Ländern. Es handelt sich dabei um Schätzungen der WHO.

LAND	FÄLLE/JAHR (CIRCA)	POSTEXPOSITIONELLE PROPHYLAXE VERFÜGBAR?
ANGOLA	150	FRAGLICH, EVENTUELL IN LUANDA
BOLIVIEN	5	JA, IN DEN STÄDTEN
CHINA	2000	JA
INDONESIEN	150–300	
KENIA	560	JA, IN DEN STÄDTEN
KIRGISTAN	11	JA
MAROKKO	50	JA
MOSAMBIK	72	JA, IN DER HAUPTSTADT MAPUTO
MYANMAR (BIRMA)	1000	FRAGLICH, EVENTUELL IN GROSSEN STÄDTEN
NAMIBIA	10	JA
NEPAL	150	JA, IN DEN STÄDTEN
BANGLADESCH	1500	JA, IN DEN STÄDTEN
INDIEN	18 000 – 20 000	AUF DEM LANDE FRAGLICH, IN DEN STÄDTEN
PAKISTAN	2000 – 5000	JA, IN GROSSEN STÄDTEN
PERU	15	JA
PHILIPPINEN	400	JA
TADSCHIKISTAN	11	JA, IN DEN GROSSEN STÄDTEN

LAND	FÄLLE/JAHR (CIRCA)	POSTEXPOSITIONELLE PROPHYLAXE VERFÜGBAR?
THAILAND	7	JA
TÜRKEI	K. A.	JA, IM WESTEN DES LANDES
USBEKISTAN	12	FRAGLICH
VIETNAM	230	JA, IN DEN STÄDTEN

Übertragen wird die Krankheit meist durch einen Hunde-biss, allein in Bangkok soll jeder zehnte Straßenhund mit dem Virus infiziert sein! Aber auch durch andere Tiere kann Tollwut übertragen werden. In Südamerika ist bei-spielsweise der Biss einer Fledermaus eine Risikoquelle.

WAS TUN BEI EINEM BISS IN TOLLWUT-GEBIETEN?

Die Wunde muss nicht groß sein – solange der Speichel des Tieres hineingelangt, kann die Krankheit übertragen wer-den. Meist weiß man nicht, ob der Hund oder die Katze Träger des Virus ist, aber wer will riskieren, an Tollwut zu erkranken?

Folgendes sollten Sie tun:

- Die Wunde sofort mit Wasser und Seife sehr gut abspü-len, am besten 10 – 15 Minuten lang.
- Die Wunde danach mit 70-prozentigem Alkohol, mit Betadin oder Jod säubern, aber nicht verbinden.
- Lokale Hausmittel wie Chili oder Pflanzenextrakte darf man getrost weglassen, sie sind wirkungslos.
- Sofort zum Arzt gehen und erfahren, ob eine postexposi-tionelle Prophylaxe erforderlich ist.
- Sich eventuell damit abfinden, dass in den folgenden vier Wochen einige Spritzen anstehen.

Vergleichsweise neu ist die Herausforderung durch den *Mers-Virus* (»Middle East Respiratory Syndrome«) mit seinen Atemwegsbeschwerden: Als *Coronavirus 2012* wurde er erstmals erkannt, im Jahr 2013/2014 schaffte er es in die internationalen Medien, als Hunderte von Menschen daran erkrankten. Wie der Name schon sagt, stammt der Virus aus dem arabischen Raum und wird durch Dromedare und Kamele übertragen. Gut, wenn man so etwas weiß, bevor man in Saudi-Arabien, den Vereinigten Arabischen Emiraten, Katar oder im Oman eine Kameltour durch die Wüste bucht oder den Dromedarmarkt besucht.

Älter dagegen ist die Sache mit den Ratten. In vielen armen Reiseländern sind die Tiere weit verbreitet. Hier und da trifft man sie auch an nach westlichen Standards recht ungewöhnlichen Orten. Auf einer mehrtägigen Zugreise durch das ländliche China wunderten wir uns eines Morgens, dass das mitgebrachte Brot, das auf dem kleinen Tischchen zwischen den Schlafpritschen lag, ausgehöhlt war. Wer macht denn so etwas? Und wieso hatte es niemand bemerkt? Schon am Abend präsentierte sich die Lösung in Form einer furchtlosen Ratte im Dackelformat, die schamlos noch einmal nach dem Brot sehen wollte. Dass man sich im Kontakt mit den Tieren allerhand fiese Krankheiten holen kann, muss man nicht mehr erwähnen, oder?

Impfgegner sollten vor der großen Fernreise noch einmal tief in sich gehen und ihre Haltung kritisch überdenken, denn die oben geschilderten Fälle sind nur ein klitzekleiner Ausschnitt aus dem breiten Spektrum möglicher Krankheiten. Mit ein wenig Glück bleibt man natürlich gesund. Je weiter die Reise führt, desto wichtiger ist die

Krankenversicherung inklusive Rückholklausel: Wer will schon im Fall der Fälle wochenlang irgendwo in den Anden im Krankenhaus liegen?

WAS PASSIERT EIGENTLICH BEI EINEM UNFALL?

Wetten, Sie haben noch nie vor einem Urlaub die lokale Rettungsnummer im Handy abgespeichert, damit Sie diese bei Bedarf gleich zur Hand haben? Nein? Dann tun Sie es ab jetzt. Aber auch das nützt nicht unbedingt viel. Falls Sie unterwegs in der Ferne einen Unfall haben und versuchen, den Rettungsdienst anzurufen, kann Ihnen folgendes passieren:

- Es gibt gar keine Nummer.
- Sie haben eine Nummer eingespeichert, doch es hebt niemand ab.
- Sie verstehen die Menschen am anderen Ende der Leitung nicht – diese Sie übrigens auch nicht.
- Sie werden verstanden, großartig! Doch leider wissen Sie nicht, wo Sie sich gerade aufhalten.
- Sie warten drei Stunden auf den Rettungsdienst.
- Der Rettungsdienst kommt mit einem Pritschenwagen, ohne medizinisches Personal.
- Sie warten vergeblich.

Wie sich die rettungsdienstliche Versorgung darstellt, ist natürlich von Land zu Land verschieden. Hier ein paar Fakten, die zeigen, dass man sich nicht überall auf Hilfe verlassen sollte:

- In der bulgarischen Hauptstadt Sofia sind 13 Rettungsfahrzeuge im Einsatz – für zwei Millionen Menschen. Wartezeiten von mehreren Stunden sind die Regel.

○ In Thailand gibt es keinen staatlichen Rettungsdienst. Stattdessen sind in Bangkok rund um die Uhr Freiwillige unterwegs, die ohne medizinische Ausbildung Verletzte und Tote einsammeln. Daneben gibt es einige Privatkliniken, die einen Rettungsdienst anbieten – wenn er gerade verfügbar ist und Sie die Kosten übernehmen. Das alles natürlich nur gesetzt den Fall, Sie kennen die Nummer der Klinik.

○ Wer in Moskau vom Rettungsdienst abgeholt wird, der hat gute Karten, ins Fernsehen zu kommen, da etliche Ambulanzen von Aufnahmeteams begleitet werden, die die blutigen Bilder zur besten Sendezeit ausstrahlen. Allerdings kann man nicht davon ausgehen, dass die rotweißen Transporter mit Blaulicht auch wirklich Rettungswagen sind: Des Öfteren lassen sich reiche Russen so durch den dichten Verkehr schleusen.

○ In Sri Lanka gibt es keinen landesweiten Rettungsdienst. Vor allem Backpacker sind im Krankheitsfall auf sich selbst gestellt.

○ In der Dominikanischen Republik ist der Rettungsdienst nur in den Touristenzentren und der Hauptstadt verfügbar. Jenseits davon wird es eng.

○ In Mexiko dürfen die Rettungsassistenten den Patienten nichts verabreichen – auch keine Schmerzmittel oder lebensrettenden Medikamente.

○ Nicht einmal 70 Staaten verfügen über eine flächendeckende Versorgung mit Rettungswagen und Notfallmedizinern, also nur etwas mehr als ein Drittel aller Länder weltweit. Zieht man die 47 Länder Europas davon ab, wird es für den Verletzten im Ausland ziemlich eng.

Eine ganz besondere Brisanz ergibt sich in Kombination mit dem Straßenverkehr. Es ist kein Geheimnis, dass in vielen Ländern Verkehrsregeln eher als Vorschläge denn als verbindliche Vorgaben angesehen werden. Auch den Besitz eines Führerscheins halten viele für überbewertet, von TÜV-Kontrollen ganz zu schweigen. Ein Beispiel: In Ermangelung anderer Alternativen – der Besuch einer Disco oder Flirten – ist rasantes Fahren in Saudi-Arabien und auf den Malediven eine Art Überlaufventil für die lokale männliche Jugend. Und ja, man kann auch auf einer kleinen Insel mit nur einer Straße ziemlich heftige Unfälle bauen, wenn man konsequent jeden Abend immer im Kreis fährt. Anderenorts tut die Qualität der Straßen ihr Übriges. Mit den Ursachen für die hohe Unfallrate sollte man sich als Reisender aber gar nicht lange aufhalten, wichtiger ist, zu wissen, wie es um den lokalen Verkehr steht. Ein guter Indikator ist die Zahl der Verkehrstoten pro 100 000 Einwohner. Unter den Spitzenreitern sind auch einige beliebte Urlaubsländer wie Thailand (36,2), Tansania (32,9), Kenia (29,1), Südafrika (25,1), Ecuador (20), Malaysia (25,4), Vietnam (24,5), Brasilien (22), China (20,5), Tunesien (19), Russland (19) und Sri Lanka (17,4). Zum Vergleich: In Deutschland sind es 4,3, in Österreich 5,4 und in der Schweiz 3,3.

Aktuelle Daten und alles, was Sie sonst noch über das Thema wissen möchten, finden Sie im *Global Status Report On Road Safety* der WHO oder sehr übersichtlich auf der Webseite *Roadskillmap*[7] des Pulitzer Center.

---

7 *http://roadskillmap.com*

SO ÜBERLEBT MAN EINE BUSFAHRT IN EINEM DRITTE-WELT-LAND

- Setzen Sie sich niemals in die erste Reihe. Oder in die zweite. Bei Auffahrunfällen oder Kollisionen garantieren Ihnen diese Plätze einen Direkttransfer ins Jenseits.
- Suchen Sie sich einen Platz nahe am Ausgang. Im Falle eines Unfalls heißt es sofort den Bus zu verlassen. Wer dann erst über zwei Hühnerkäfige klettern muss, hat schlechte Karten.
- Setzen Sie sich nie unter schweres Gepäck, denn es fällt bei einem Aufprall garantiert herunter.
- Meiden Sie scharfe Gegenstände im Bus. Falls Ihnen da jetzt nichts einfällt: besagte Hühnerkäfige, Eisenstangen, Metallteile... Es ist faszinierend, dass man eigentlich ALLES mit einem Bus transportieren kann. Dumm nur, wenn man bei einer Vollbremsung mit dem Kopf nach vorne schnellt und sich daran den Schädel spaltet.
- Auch wenn es Spaß macht, aus dem Fenster zu schauen, ist der Gangplatz sicherer. Je weiter hinten Sie sitzen, desto wahrscheinlicher ist es, dass Absonderungen der weniger reisefesten Passagiere durchs geöffnete Fenster wieder hineinfliegen, egal ob es sich um Mageninhalte oder Nasenschleim handelt.

WENN ES PASSIERT

Ein Blick auf die Statistiken der WHO genügt, um einzuschätzen, ob Sie im anvisierten Reiseland auf eine angemessene medizinische Behandlung hoffen können: Sehen

Sie sich zum Beispiel die Ärztedichte an oder den Prozentsatz an Menschen, die Zugang zum Gesundheitswesen haben. Auch die allgemeine Lebenserwartung kann ein Index sein für das, was Sie im Ausland im Krisenfall erwartet. In Ländern, in denen Menschen sterben, weil sie sich keinen Arzt leisten können oder weil es schlicht keinen gibt, nimmt man auch den Tod eines Reisenden gelassener hin.

Dies gilt übrigens umso mehr, wenn man mit Kindern unterwegs ist: Wie weit entfernt ein Reiseland liegt, ist weniger entscheidend. Wichtig ist: Ist im Krankheitsfall oder bei einem Unfall Hilfe schnell verfügbar? In Japan, Singapur, Hongkong, Südkorea, Kanada, Australien, Neuseeland oder den USA muss man sich darüber keine Sorgen machen (und natürlich in einigen anderen Ländern auch nicht). Wer mit Kind Länder mit unzureichender medizinischer Versorgung bereist, geht natürlich ein Risiko ein, das man persönlich sorgfältig abwägen muss. Nicht nur die Wahl des Reiselandes spielt dabei eine Rolle, sondern auch die Frage, wo genau man sich dort befindet. Die Unterschiede zwischen Stadt und Land sind beispielsweise in Indien, Brasilien, Russland und China eklatant, von Verständigungsschwierigkeiten einmal ganz abgesehen: Während man in Delhi, Shanghai oder Rio de Janeiro selbstverständlich Kliniken auf bestem westlichen Niveau findet (was aber nicht heißt, es gäbe parallel nicht auch die günstige, schmuddelige Variante), tut man fernab der Städte gut daran, gar nicht erst krank zu werden. Oder den lokalen Heilern allzu sehr zu vertrauen. Natürlich gibt es exzellente Ärzte der traditionellen Medizin, doch wie will man das auf die Schnelle überprüfen? Sprechen sich diese vehement gegen die Konsultation eines Arztes »westlicher

Ausrichtung« aus, darf man getrost weiterziehen. Vertreter anerkannter alternativer Heilmethoden, wie der traditionellen chinesischen Medizin oder des Ayurveda, tun genau dies nicht. Sie sehen sich nicht als Konkurrenten, sondern arbeiten Hand in Hand. Hier und da sind auch anerkannte Methoden risikoreich:

Thailändische Massagen sind zweifelsohne eine wunderbare Sache, egal ob man sie aus medizinischen Gründen oder der Wellness wegen genießt. Nur das »Kopfreißen«, also die Angewohnheit, dem ahnungslosen Patienten den Kopf ruckartig nach rechts und links zu drehen, lässt Orthopäden aufjaulen: Dabei können die Halsschlagadern verletzt werden, was letztlich sogar einen Schlaganfall verursachen kann.

SO WAPPNET MAN SICH FÜR DEN NOTFALL

- Speichern Sie die Rufnummer des Rettungsdienstes ein, falls es einen gibt. Informieren Sie sich außerdem darüber, ob eine spezielle Notrufnummer mit garantiert englischsprachigen Beratern angeboten wird.
- Recherchieren Sie vor Antritt der Reise die Adressen von Krankenhäusern mit westlichen Standards, inklusive Rufnummern. Gibt es keinen Rettungsdienst, kann man hier eventuell gegen Bares einen Transport arrangieren.
- Nehmen Sie unbedingt eine eigene Grundausrüstung mit, wenn die medizinische Versorgung im Reiseland schlecht ist. Passen Sie Ihren Notfallkoffer an Ihre Vorerkrankungen an. Ein anständiges Breitband-Antibiotikum gehört ebenso hinein wie Schmerzmittel und alles, was man zur Wundversorgung braucht.

- Notieren Sie sich die Nummer Ihrer Auslandskranken-versicherung. Die Experten dort können Ihnen teils lokale Kliniken empfehlen, nachfragen schadet nicht.
- Informieren Sie sich vor Reiseantritt über die gesundheitlichen Risiken auf Ihrer Route. Das ist mitunter gar nicht so einfach, da viele Quellen nur nach Ländern unterscheiden, nicht aber nach Regionen. Gerade in Staaten mit großer Fläche wie Brasilien oder Indonesien kann sich die Lage von Landstrich zu Landstrich enorm unterscheiden. Wenn es um die Beantwortung diffiziler Fragen geht, sind die Niederlassungen der WHO im betreffenden Reiseland ein guter Ansprechpartner. Dort darf man sogar mit einer Antwort rechnen, sollte sie aber auch nicht mit allgemeinen Anfragen belästigen, die man gut in Deutschland beantworten kann.

PILLEN-GLÜCK

In vielen Ratgebern stößt man auf die Empfehlung, die wichtigsten Medikamente für die Reise mitzunehmen. Das ist nicht ganz unbegründet. Das Gute an Apotheken im Ausland ist nämlich: Man bekommt oft problemlos Medikamente, die zu Hause nur auf Rezept erhältlich sind. Das ist gleichzeitig auch die schlechte Nachricht. Und weil sie im Zweifelsfall mit einem Beipackzettel in der Landessprache versehen sind, muss man sich auch nicht lange mit Nebenwirkungen aufhalten – das erfährt man dann von alleine. Wer einen leckeren Codein-haltigen thailändischen Hustensaft zu hoch dosiert (»Viel hilft viel!«), bekommt eine psychedelische Erfahrung gratis obendrauf und vielleicht noch einen kleinen Vorgeschmack auf einen Herzkasper.

Vielleicht ist es aber auch ganz ohne Risiko, weil die Tabletten sowieso gefälscht sind. Das kommt in Dritte-Welt-Ländern weitaus häufiger vor, als man wissen möchte. Was bei einer Aspirin noch vergleichsweise harmlos ist, kann sich bei Antibiotika als verheerend herausstellen. In korrupten Ländern macht es sich zudem bezahlt, staatlichen Ärzten und Krankenschwestern einen persönlichen

UNTERWEGS MIT UNVERWUNDBAREN

Menschen, die zu Hause niemals auch nur einen Meter ohne Sicherheitsgurt fahren würden und garantiert an jeder roten Ampel brav auf das richtige Signal warten, mutieren im Urlaub mitunter zu Freizeit-Stuntmen. Mit dem Bus über die nepalesischen Serpentinen, eine Spritztour mit dem Motorrad in Thailand oder Überlandfahrten auf der Ladefläche eines Pick-up-Trucks. Wird schon gut gehen! Falls Ihr Reisepartner zu dieser Gruppe zählt, gibt es noch Hoffnung: Einfach mal das nächste Reiseziel auf Rettungsdienst und Verkehrssicherheit überprüfen und die Daten vorlegen...

Zuschuss zuzustecken. Ein Scheinchen hier und da kann auch bei der Verfügbarkeit von Medikamenten Wunder wirken. In privaten Klinken ist das nicht nötig, dort holen sich die Ärzte den Aufschlag für die Behandlung von Reisenden oft ganz offiziell. So gibt es in der Dominikanischen Republik keine Obergrenze oder staatlichen Vorgaben bei der Berechnung der Klinikkosten. Es lohnt sich also, vorher genau nachzufragen.

10 DER TOD AUF DEM TELLER

Erdnüsse, Krabben, Tomaten oder Weizen:
Wer an Allergien leidet, reist gefährlich.
Manchmal ist es auch der Ekel vor der einen
oder anderen Speise, der dem Spaß unterwegs
einen fetten Dämpfer verpasst.

»Ist da wirklich kein Fisch drin? Und auch keine Meeres-früchte?« Ungläubig kräusele ich die Nase und schnup-pere noch einmal kurz an der Suppenschüssel. Die Bedie-nung des kleinen Restaurants, eine resolute ältere Dame mit weißer Schürze und Blümchenbluse, schüttelt den Kopf: »Nein, natürlich nicht.« Logisch, schließlich habe ich die Nudelsuppe explizit ohne Meeresfrüchte bestellt und bis an die Grenze der Peinlichkeit betont, dass ich an einer schweren Meeresfrüchte-Allergie leide. Über der Schüssel wabert allerdings eindeutig ein Hauch von Ozean. Das kleine Restaurant im Amüsierviertel von Nagoya ist bis auf den letzten Platz voll besetzt, die Bedienung wird unruhig – kein guter Moment für eine Grundsatzdiskus-sion. Dennoch hake ich nach: »Algen vielleicht?« Die Bedienung wirft mir einen von diesen entnervten Blicken zu, die hart an der japanischen Servicehaltung kratzen, quasi ein mentales Augenrollen. Ich bestätige, nein zementiere gerade das gängige Vorurteil vom schwierigen Ausländer, der die Japaner mit seltsamen Extrawünschen auf Trab hält. Zugegeben, die Allergie ist vorgeschoben. Ich finde Fisch und Meeresfrüchte einfach ekelig, und in Ländern mit mehr als zehn Kilometern Küste hat es sich bewährt, mit diesem fiktiven Leiden alle Versuche der Bekehrung schon im Ansatz zu ersticken. Die Folgen einer versehentlichen Fisch-/Krabben-/Krebs-Exposition sind so schrecklich, dass niemand in die Versuchung kommt, doch noch zu quengeln oder mir das ekelhafte Zeug heimlich unterzujubeln. Sollte man annehmen. Meine Begleitung, ein Übersetzer, ist eingeweiht. In blumigen Worten schildert er der Bedienung noch einmal die Folgen eines versehentlichen Kontakts mit dem Meeresgetier. Sie zuckt bedauernd mit den Schultern. »Die Suppe riecht eben so.« Etwas betreten blicken wir alle drei auf die Schüssel. Ich rühre ratlos um und fische gedankenverloren einige Krabben aus der Brühe, die nach und nach an die Oberfläche ploppen. Krabben? »Ach so«, winkt die Bedienung ab: »Das MUSS rein, sonst schmeckt das nicht.«

Es wäre böse, diesen Krabbenvorfall zur allgemeinen Japan-Norm zu erklären. Typisch ist er allerdings schon. Sicher, auf zahlreichen Pressereisen gaben sich die Köche erstaunliche Mühe, sämtliche Meeresfrüchte zu ersetzen. Anstatt Abalone gab es vorzügliches Hida-Beef, so zart, dass man es schier durch die geschlossenen Zähne ziehen konnte, anderenorts zauberte der Küchenchef Spießchen oder frittiertes Gemüse auf den Tisch. Genauso oft schmuggelte man mir allerdings das eine oder andere Meeresgetier auf den Teller. Doch warum? Sind den Japanern

Lebensmittelallergien fremd? Verstecken Allergiker ihr Leiden verschämt? Oder ersticken die meisten schon in jungen Jahren an einer heimlich beigegebenen Krabbe und kommen erst gar nicht dazu, ihre Allergiker-Gene weiterzugeben?

Aus historischer Sicht waren und sind Menschen mit Meeresfrüchte-Allergie in Japan allemal im Nachteil – mehr sogar als in anderen Küstenregionen. Über viele Jahrhunderte, vom Jahr 675 bis Mitte des 19. Jahrhunderts, war es den Japanern verboten, Fleisch zu essen. Stattdessen kamen beim gemeinen Volk Reis und Gemüse auf den Tisch. Und natürlich Fisch, denn im Inselreich Japan ist das Meer nie weit. Unter diesen Bedingungen konnte sich eine Vielzahl von ausgefallenen Zubereitungsarten entwickeln. Oder eher der Mangel daran. Da wären zum Beispiel die *Shirauo no odorigui*. Lebende Fischchen, die sich im Mund winden und krümmen. Dass man in Japan auch toten Fisch in Form von Sushi roh isst, macht die Sache nicht besser. Und was soll man von Köchen halten, die, ohne mit der Wimper zu zucken, potenziell Hochgiftiges verarbeiten, wie den Kugelfisch *Fugu*, dessen Leber und Eierstöcke tödlich sind? Angst vor *Fugu* ist allerdings unbegründet. Die schräge Spezialität ist viel zu teuer, als dass man sie einem ahnungslosen Touristen auf den Teller schmuggeln würde.

Gut möglich, dass die Japaner mit Allergie-Gen einfach still und leise aussterben, indem sie tot vom Stuhl fallen. Ganz allein sind sie mit der lockeren Einstellung zu Unverträglichkeiten allerdings nicht.

DIE LÄNDER MIT DEM HÖCHSTEN FISCHKONSUM

Die allerwichtigste Statistik für alle Fisch-Hasser. Wer hier unterwegs ist, muss allemal aufpassen, dass nicht doch noch ein Meeresbewohner auf dem Teller landet.

LAND	KONSUM/KILO/KOPF/JAHR	LAND	KONSUM/KILO/KOPF/JAHR
MALEDIVEN	166	PHILIPPINEN	40
TUVALU	111	LITAUEN	43
SAMOA	87	SPANIEN	42
ISLAND	90	FINNLAND	36
HONGKONG	71	FRANKREICH	35
KAMBODSCHA	63	SIERRA LEONE	34
MACAU	59	GABUN	33
MALAYSIA	58	VIETNAM	33
SÜDKOREA	58	TAIWAN	33
PORTUGAL	57	CHINA	33
MYANMAR (BIRMA)	55	THAILAND	31
JAPAN	53	MALTA	30
NORWEGEN	53		

Neben dem reichen Japan sind es meist ärmere Länder, in denen man bestenfalls den Kopf schüttelt, wenn sich der Fremde durch seltsame kulinarische Anliegen hervortut. Logisch, denn je weniger auf dem eigenen Teller landet, desto weniger Verständnis hat man für Sonderwünsche und Extrawürste. Zudem sind Unverträglichkeiten weltweit nicht gleich verteilt. Bis vor wenigen Jahren wurden Menschen mit Laktose-Intoleranz in Mitteleuropa noch ziemlich schräg angeschaut, während diese in vielen Ländern Asiens quasi als Normalzustand gilt. Den meisten Chinesen und Japanern fehlt das passende Enzym zum Abbau von Milchzucker. Sie können zwar Joghurt essen, eine Tasse heißen Kakao stecken sie aber eher schlecht weg.

DER FEIND LAUERT IN DER SOJASOSSE

Auch die Verteilung von Zöliakie, Gluten-Unverträglichkeit, ist weltweit sehr unterschiedlich. Sie tritt überall dort auf, wo sich Menschen seit langem von Weizen ernähren, also in Europa, Nordamerika, Nordafrika, im Nahen Osten und im Weizengürtel Nordindiens. Was nicht zwingend bedeutet, dass sie in diesen Regionen allerorts bekannt ist. Denn je schlechter die medizinische Versorgung, desto geringer ist die Wahrscheinlichkeit, dass eine Unverträglichkeit diagnostiziert wird.

Obwohl die Zöliakie in Asien nur selten vorkommt, sind Menschen mit Gluten-Unverträglichkeit in Fernost gar nicht so schlecht dran. Wo Reis das Hauptnahrungsmittel ist, kann man Weizen gut aus dem Weg gehen, neben dem gekochten Reis stehen auch Reisnudeln und Glasnudeln (die aus Mungbohnen hergestellt werden) auf dem Speiseplan. Vorsicht ist bei vegetarischen Gerichten geboten, die ab und zu aus Seitan bestehen: Dahinter verbirgt sich nahezu reines Gluten. Auch Sojasoße stellt sich hin und wieder als schlecht verträglich heraus, da sie oft mit Weizen gebraut wird. Entgegen der allgemeinen Annahme wird sie nicht immer und überall verwendet, sondern oft nur zum Nachwürzen bei Tisch. In Japan, China, Vietnam und Korea lohnt es sich aber allemal nachzufragen.

In Südamerika haben es Zöliakie-Geplagte schon schwerer: Teigtäschchen bestehen nahezu immer aus Weizenmehl und verträgliche Alternativen zu Brot sind selten. In Brasilien müssen alle glutenhaltigen Lebensmittel immerhin als solche ausgewiesen werden. Das hilft nur selten am Imbissstand, trotzdem haben viele der Einheimischen den Begriff schon mal gehört. In Argentinien und anderen südamerikanischen Ländern gestaltet sich die Suche nach glutenfreien Produkten schon schwerer. Oft wird die Krankheit als Spleen abgetan und Weizenmehl nicht mit Gluten in Verbindung gebracht. So bringt der Kellner nicht selten doch noch einen Brotkorb an den Tisch – vielleicht hat es sich der Gast ja mittlerweile anders überlegt?

Gute Dienste leisten in diesem Zusammenhang Webseiten, die eine Übersicht der Supermärkte und Restaurants bieten, die glutenfreie Speisen führen. Die Website *Glutenfreeroads* ist zudem auch als App für alle Betriebssysteme verfügbar.

Das etwas ungläubige »Der weiß nicht, was er will«-Problem trifft natürlich auch andere Reisende mit Allergie oder Unverträglichkeit: Egal, ob es eine Tomaten-Allergie ist oder schlicht der Ekel vor einer Zutat, man kann sich nicht immer sicher sein, unterwegs damit ernst genommen zu werden. Menschen mit Erdnuss-Allergie tun sich in Asien und Afrika schwer. Dort gehören Nüsse und auch Erdnussbutter als Würzmittel so fest zum kulinarischen Repertoire, dass manch ein Koch insgeheim dem Motto folgt: Was so viele Menschen essen, kann doch so schlecht nicht sein – da wird ein Nüsschen in Ehren nichts ausmachen!

BESTELLEN UND ERNST GENOMMEN WERDEN FÜR FORTGESCHRITTENE

Sofern man die Landessprache nicht fließend spricht, lohnt es sich, schon zu Hause eine oder mehrere Karteikarten vorzubereiten, vielleicht sogar mit kleinen Bildern, die kurz und knapp erklären, was *nicht* auf dem Teller landen soll. Je nach Leiden oder Allergie helfen Übersetzungsmaschinen im Netz oder vorgefertigte Sätze, wie man sie beispielsweise auf der Website *Celiac Travels* für Zöliakie-Patienten findet. Und weil man die Karten unterwegs garantiert oft braucht, sollte man sie gleich noch laminieren. So kann die Bedienung die Karte auch schnell mal in die Küche durchreichen, schließlich muss vor allem der Koch verstehen, was nicht auf den Teller soll. Wer ernst genommen werden will, sollte seinen Abneigungen ein kleines Upgrade verschaffen: Ein schlichtes »Mag ich nicht« wirkt wenig überzeugend, eine vorgetäuschte

Allergie schon eher. Noch besser ist es, die Konsequenzen drastisch darzustellen: Kein Gastronom möchte zusehen, wie der Gast tot vom Stuhl fällt, das ist schlecht fürs Geschäft.

PFLANZENFRESSER UNTERWEGS

Mit ähnlichen Problemen müssen sich auch Vegetarier auseinandersetzen. Für sie mag es zwar nicht gefährlich sein, ein Stück untergeschobenes Fleisch zu essen, ein Laune-Booster ist es nicht.

Überall dort, wo es bereits viele Vegetarier gibt, fällt es logischerweise leicht, vegetarische Speisen zu finden. Und umgekehrt! In christlichen Kulturen, die das Fastengebot ernst nehmen, gibt es garantiert eine Reihe von fleischfreien Gerichten, in vielen afrikanischen, zentralasiatischen und südamerikanischen Ländern ist jenseits der Touristenorte schnell Schluss mit rein pflanzlichen Optionen, zumal dem männlichen »Pflanzenfresser« dort ein gewisses Waschlappen-Image anhaftet. In Indien dagegen ist die Auswahl für Vegetarier groß, dafür aber auch die Chance, sich einen ordentlichen Magen-Darm-Infekt zu holen (siehe auch Kapitel 8).

Bleibt die Frage: Was ist eigentlich ein vegetarisches Gericht? Die Antworten fallen von Land zu Land recht verschieden aus: mit Ei, ohne Ei, mit Milch, ohne Milch, vielleicht auch nur mit fermentierten Milchprodukten, mit Fisch, ohne Fisch und manchmal sogar mit Geflügel, was das Konzept ein wenig überstrapaziert. Ein vegetarisches

Menü kann dementsprechend überraschen: »Wie, Huhn geht auch nicht?« oder »Aber Steak schon, oder?«. Im hinduistischen Nepal bedeutet vegetarisch zu essen oft nur, auf Rindfleisch zu verzichten – das deckt sich wirklich nicht mit dem westlichen Konzept von pflanzlicher Ernährung. Auch die Annahme, man könne in buddhistischen

LAND	ANTEIL VEGETARIER IN DER BEVÖLKERUNG IN %
ARGENTINIEN	< 1
AUSTRALIEN	5
BRASILIEN	9
BULGARIEN	< 0,5
CHILE	< 2
CHINA	5
DÄNEMARK	4
DEUTSCHLAND	9
FRANKREICH	2
GROSSBRITANNIEN	9
INDIEN	35
IRLAND	6
ISRAEL	13
ITALIEN	10
KOREA	1
MONGOLEI	< 1
NEUSEELAND	10
ÖSTERREICH	9
RUSSLAND	4
SCHWEDEN	10
SERBIEN	< 2
TAIWAN	12
USA	10

Ländern an allen Ecken und Enden vegetarische Gerichte bekommen, ist hier und da ein Garant für Enttäuschung, denn jenseits der Klöster nimmt man das Tötungsverbot wortwörtlich. Ein Tier eigenhändig zu töten geht also gar nicht, aber wenn es nun schon einmal tot ist und auf dem Teller liegt, wäre es da nicht schade, das Fleisch zu vergeuden? Trotzdem darf man als Vegetarier auf Verständnis hoffen.

Man muss dazusagen: Die Zahlen über die Verbreitung von Vegetarismus variieren stark, eben je nachdem, welche Definition man zugrunde legt – und welche für die befragten Personen gilt. Wer Hühnchen nicht als Fleisch ansieht, hält sich eben auch für einen Vegetarier, selbst wenn die eine oder andere Keule auf dem Teller landet.

Für viele Länder, vor allem in Afrika, gibt es keine verlässlichen Statistiken, was nicht zuletzt daran liegt, dass vegetarische Ernährung in vielen Kulturen als ein Zeichen von Armut gilt, das man lieber früher als später über Bord werfen würde. Manch ein Asiate und Afrikaner mag zwar zu den Vegetariern zählen, die kein oder nur wenig Fleisch verzehren, hängt diesem Ernährungsstil aber häufig nicht aus freien Stücken an.

VEGANER ON THE ROAD

Die Königsdisziplin auf Reisen ist jedoch der Veganismus. Um dieses Ernährungskonzept zu erklären, reicht es oft nicht aus, nach Nahrung ohne tierische Komponenten zu verlangen, es bedarf einer detaillierteren Übersetzung. Also »kein Fleisch, keine Fleischbrühe, keine Butter, kein Ei, keine Mayonnaise, kein Joghurt, keine Milch, kein Honig...«. Und diese Liste könnte man ziemlich lange fortführen. Die Chance, in einem Umfeld, das den Veganismus einfach nicht kennt, ernst genommen zu werden, ist gering und wird mit jeder verbotenen Zutat auf der Liste ein wenig mehr schrumpfen. Und das ist noch positiv formuliert. Einem Veganer in China beim Bestellen zuzuschauen, kann herzerweichend sein – selbst wenn besagter Gast über gute Chinesischkenntnisse verfügt –, so geschehen in einer Dorfkneipe in der Provinz Sichuan zur besten Essenszeit.

»Ich hätte gerne eine Suppe ohne Fleisch oder andere tierische Zutaten«, bestellt der vegane Europäer in bestem Chinesisch. »Geht klar«, wirft ihm der Kellner im Vorbeigehen zu. Keine zwei Minuten später steht die dampfende Schüssel auf dem Tisch. Zwischen den raren Gemüsestückchen trudeln die Fäden eines gequirlten Eis. In einer Hühnerbrühe. Die Reklamation nimmt der Kellner mit einem Stirnrunzeln und unter wenig schmeichelhaftem Gemurmel entgegen. Die neue Suppe kommt in Rekordzeit: Keine 20 Sekunden später steht sie – erneut – auf dem Tisch. Kleine Eintrübungen zeugen von dem halbherzigen Versuch, das Ei herauszufischen. Nach langen Diskussionen endet die Sache so, wie abzusehen war: Unter den Augen von zwanzig amüsierten Gästen schiebt der wutschnaubende Wirt den renitenten Gast aus dem Lokal. Und diese Geschichte ist keine Moritat...Fleisch ist in China eine Sache des Prestiges und das Beste, was neben Meeresfrüchten auf dem Teller landen kann.

Interessanterweise ist es in Taiwan um einiges leichter, sich vegan zu ernähren: Viele Buddhisten ernähren sich auf der Insel vegetarisch, Milchprodukte sind selten, der Schritt zur veganen Ernährung also nur noch ein kleiner. In Korea ist es ähnlich, auch wenn die koreanische Küche viele deftige Fleischgerichte kennt. Weil Milch aber kaum eine Rolle spielt, sind viele Beilagen ohnehin vegan.

REISEVORBEREITUNG FÜR VEGANER

- Als Veganer kommen Sie nicht darum herum, im Vorfeld der Reise zu recherchieren: Welche Gerichte sind typisch für das Reiseland? Gibt es vielleicht sogar ein oder zwei Gerichte, die per se vegan sind? Zum Beispiel ein typischer Salat? Teigtäschchen mit Gemüsefüllung? Und wie viele Menschen leben den Veganismus vor Ort? So kann man sich in Indien auf ein dort bekanntes Konzept berufen, den *Jainismus*. Das ist zwar keine Garantie für vegane Speisen, trotzdem besteht die Chance, verstanden zu werden.

- Bereiten Sie die wichtigsten Sätze vor. Wer besondere Wünsche hat, sollte sie kommunizieren können. Das erfordert eine gewisse sprachliche Kompetenz. Hilfreich sind dabei auch Apps, wie beispielsweise der *Vegetarian Travel Translator* oder *Vegan Passport,* die für iOS und Android verfügbar sind.

- Nehmen Sie der Vorsicht halber Snacks mit. Haltbare Knabbereien für zwischendurch helfen, maue Phasen zu überbrücken. In etlichen Ländern ist es allerdings verboten, rohe Nahrungsmittel einzuführen. Egal, ob in Neuseeland, Australien oder China: Frisches Obst darf beispielsweise nicht mit ins Gepäck. Auch da gilt es zu recherchieren, sonst beginnt die Reise mit einer fetten

Strafe. Auf »Das merkt schon keiner« braucht man nicht zu hoffen: Speziell ausgebildete Obst-Spürhunde schlagen sogar an, wenn man auf dem Weg zum Flughafen noch einen Apfel gegessen hat.

- Nach dem Markt suchen (am besten vor der Reise): Obst und Gemüse gibt es fast überall auf der Welt. Zusammen mit verpackten Proteinriegeln aus der Heimat ist zumindest die Grundversorgung gesichert. Zutaten, auf die man nicht verzichten möchte, sollte man ohnehin mitbringen, auch wenn das Glas Erdnussbutter ziemlich schwer ist.

- Buchen Sie anstelle eines Hotels ein Apartment. Mit einer Kochgelegenheit tun sich Veganer leichter, regelmäßig für anständige Kost zu sorgen, zumal vegane Restaurants, wenn es sie denn überhaupt gibt, auf Dauer ins Geld gehen. Reist man als Backpacker, lohnt es sich, im Vorfeld abzuklären, welche Hostels Kochgelegenheiten anbieten.

- Besuchen Sie indische Restaurants. Das strapaziert die Reisekasse, ist aber eine relativ sichere Angelegenheit, weil indische Köche a) verstehen, was vegan bedeutet, und b) den Grundgedanken ernst nehmen, selbst wenn der Koch kein Veganer ist. Im Netz gibt es eine Reihe von Webseiten, auf denen man nachschauen kann, wo sich das nächste Restaurant mit veganen Speisen befindet, beispielsweise *HappyCow*.

DIE MAXIMAL SCHLECHTESTEN REISEKOMBINATIONEN:

- *Veganer in der Mongolei oder Südamerika.*
  In den großen Hotels und touristischen Orten lässt sich da sicher was machen. Anderenorts hält die Bevölkerung das Konzept, sich völlig vegan zu ernähren, für so

abstrus, dass der Wunsch nach einer fleischlosen Speise gar nicht erst ernst genommen wird. Der seltsame Reisende weiß wahrscheinlich einfach nicht, was gut ist, und muss unbedingt bekehrt werden! In der Mongolei kommt erschwerend hinzu, dass die Wüsten und Halbwüsten eben nun mal vorrangig als Viehweiden genutzt werden, die Vegetationsperiode ist kurz und pflanzliche Nahrung spielt bei der Ernährung nur eine marginale Rolle.

○ *Meeresfrüchte-Hasser in Japan und China.*
Klar, es gibt eine Menge Gerichte, die ohne Fisch, Algen und Co. zubereitet werden, verlassen kann man sich darauf aber nicht. Meeresfrüchte gelten in Japan und China als prestigeträchtige Speisen, und Alternativen gibt es nur selten. Gut, wenn man dann einen Koffer voller Müsli-Riegel dabeihat.

○ *Vegetarier in Island.*
Mittlerweile gibt es Treibhäuser, in denen Tomaten wachsen, und auch sonst haben die Isländer in den letzten 50 Jahren dem rauen Wetter getrotzt und das Nahrungsangebot erweitert. Gemüse ist und bleibt aber teuer, und auf den Tisch kommt es nur in schamhaft kleinen Mengen. Wer sich für Lamm und Fisch nicht begeistern kann und nicht bereit ist, Unsummen für einen Gurkensalat hinzublättern, hat es schwer auf der Insel.

LECKEREIEN FÜR WAGEMUTIGE

LAND	SPEZIALITÄT	IN DER LANDESSPRACHE
ECUADOR	*MEERSCHWEINCHEN AM STÜCK* DAS TIERCHEN IST ETWAS GRÖSSER ALS IN EUROPA. DA SIEHT MAN AUCH AUF DEM TELLER NOCH PRIMA, AN WAS MAN GERADE NAGT.	CUY
PHILIPPINEN	*AM STÜCK GERÖSTETES FERKEL*	LECHON
ISLAND	*FERMENTIERTES HAIFLEISCH* MIT EINEM ORDENTLICHEN ODEUR VON AMMONIAK.	HÁKARL
PHILIPPINEN UND VIETNAM	*ANGEBRÜTETE ENTENEIER*	BALUT, TRỨNG VỊT LỘN
CHINA	*ROHE, ALKOHOLISIERTE SHRIMPS* IMMERHIN HABEN DIE ARMEN VIECHER SCHON ORDENTLICH EINEN SITZEN, WENN SIE STERBEN.	醉蝦 ZÜI XIĀ, DRUNKEN SHRIMPS
CHINA	*FISCH-SCHWIMMBLASE* NICHT NUR SKURRIL, SONDERN AUCH EXTREM TEUER!	鱼鳔 YÚDÜ
ITALIEN	*MADEN-KÄSE* UND JA, SIE LEBEN NOCH.	CASU MARZU
NORWEGEN (AUCH ISLAND)	*GEGRILLTER SCHAFSKOPF*	SMALAHOVE, INISLAND: SVIÐ
MEXIKO	*AMEISEN-LARVEN* MEIST IN AGAVEN ZU FINDEN. SCHMECKEN LEICHT NUSSIG.	ESCAMOLES
NORWEGEN, SCHWEDEN	*GETROCKNETER DORSCH* IN BIRKENWASSER-LAUGE EINGEWEICHT	LUTEFISK
SCHWEDEN	*VERGORENER STRÖMLING* RIECHT GENAU SO, WIE MAN SICH DEN GERUCH EINES VERGORENEN FISCHES VORSTELLT…	SURSTRÖMMING

11 DER REISE-GAU: KATASTROPHEN

Erdbeben, Tsunamis, Wirbelstürme, Freak Waves: Wer alldem sicher aus dem Weg gehen will, muss zu Hause bleiben. Unter Umständen hilft selbst das nicht, schließlich sind auch Teile Deutschlands tektonisch aktiv.

Naturkatastrophen sind eine echte Steilvorlage für Neurotiker und Angsthasen. Man muss sich nichts ausmalen, Bilder gibt es genug im Internet, und die Gefahren sind echt. Das ist übrigens ein wichtiger Punkt: So kommt niemand auf die bescheuerte Idee, ein Erdbeben oder einen Taifun mit der richtigen Atemtechnik wegatmen zu wollen, niemand verlangt, dass man sich am Riemen reißt, wenn es um die Gefahren eines Tsunamis geht, oder empfiehlt gegen die zerstörerische Kraft eines Erdrutsches die Lektüre eines 200-seitigen Buchen mit dem Titel »Nie wieder Angst vor Erdmassen«.

Dummerweise stehen die Chancen, dass irgendwann irgendwo etwas Schlimmes passiert, gar nicht so schlecht: Fast alle Orte, die ich irgendwann in meinem Leben bereist habe, sind früher oder später von einer Katastrophe heimgesucht worden. Was wirklich nicht an mir liegt.

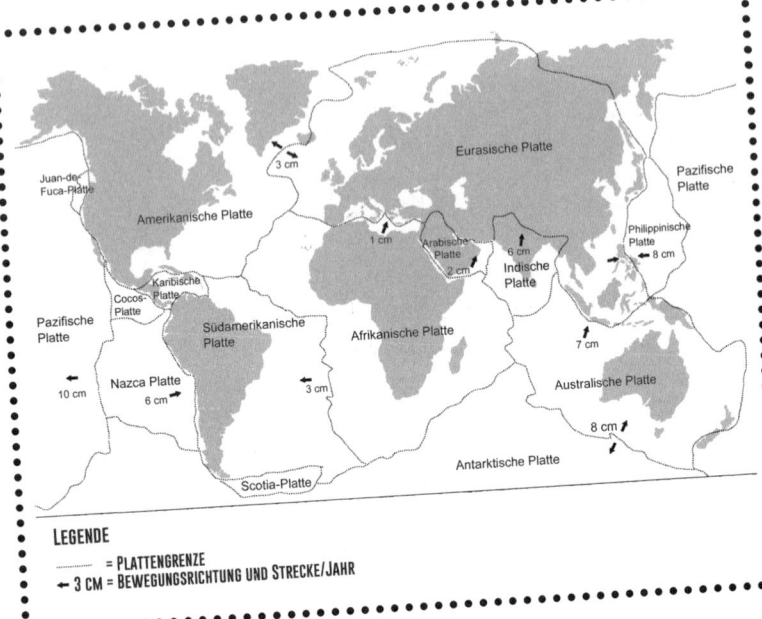

LEGENDE

.... = PLATTENGRENZE

← 3 CM = BEWEGUNGSRICHTUNG UND STRECKE/JAHR

DIE GEFAHR LAUERT UNTER DER ERDE

Zu den unangenehmsten Schrecken, die man unterwegs erleben kann, gehören Erdbeben. Vor allem, wenn sie nachts zuschlagen und man vor der Abreise beschlossen hat, endlich mal die alten Unterhosen und Nachthemden auszusortieren und sie ein letztes Mal auf dieser Reise zu tragen, bevor sie im Müll landen. Oder nackt schläft. Beides macht sich dann ziemlich schlecht in der Hotel-Lobby.

Aber der Reihe nach: Ich will Sie nicht mit Details langweilen, aber es schadet nicht, vor der Reise einen Blick auf eine geologische Karte zu werfen, genauer gesagt auf die Verteilung der tektonischen Platten. Diese schwimmen quasi auf dem Magma des Erdinneren und werden durch Konvektionsströme bewegt. Überall dort, wo sie aneinandergrenzen, darf man sich auf Überraschungen gefasst machen. Dies gilt verstärkt für die Bereiche, wo Platten untereinander abtauchen oder sich aneinander vorbeischieben, denn dabei verkeilen sie sich gerne mal, und das baut Spannungen auf. Löst sich die verhakte Stelle mit einem Ruck, wird ordentlich Energie freigesetzt: Die Erde bebt. Da wundert es wenig, dass es in Chile immer wieder besonders heftig wackelt: Hier schiebt sich die Nazca-Platte mit sechs Zentimetern pro Jahr ziemlich schnell unter die südamerikanische Kontinentalplatte. Weil es bisher keinerlei Vorhersagemöglichkeiten darüber gibt, wann und wo genau Erdbeben auftreten werden, bleibt nur ein Blick auf die Statistiken: Wie häufig hat die Erde am Reiseziel bisher gebebt? Oft? Dann ist die Wahrscheinlichkeit hoch, dass es wieder passiert. So wartet man in Tokio schon seit Jahren auf das ganz große Erdbeben, das nach der Statistik längst überfällig ist. Gleichzeitig ist auch der Nankai-Graben vor den Inseln Honshu und Kyushu ein so heißer Kandidat, dass das erwartete Erdbeben schon einen Namen hat: Das Nankai-Beben soll mit 70-prozentiger Wahrscheinlichkeit in den nächsten 30 Jahren auftreten.

Noch ein bisschen kritischer sieht es in Kalifornien aus. Dort gleiten die pazifische und nordamerikanische Platte parallel zur Westküste aneinander vorbei – oder eben nicht, und so steht auch diese Verwerfung unter enormen Spannungen, die sich früher oder später entladen werden.

Für Südkalifornien liegt die Wahrscheinlichkeit, dass sich in den nächsten 15 Jahren ein großes Beben ereignet, bei mehr als 99 Prozent. Dies sind zwei Beispiele aus Ländern, in denen man sich intensiv mit den Gefahren auseinandersetzt und daher das Risiko benennen kann.

Wo die Wahrscheinlichkeit für ein verheerendes Erdbeben am höchsten ist, lässt sich gar nicht so einfach festlegen, denn neben der Anzahl der bisherigen Beben sind natürlich auch die gemessene Stärke, die Art der Bodenbewegungen, die Dauer und viele andere Faktoren von Relevanz. Je nach Tiefe des Bebens, Frequenz der Schwingungen und Bodenart können die Zerstörungen bei gleicher Stärke sehr unterschiedlich ausfallen.

Aber ganz gleich, welche Statistik man zurate zieht, diese Länder sind unter den Top 16:

- Afghanistan
- Chile
- China
- Ecuador
- Indien
- Indonesien
- Iran
- Japan
- Mexiko
- Nepal
- Neuseeland
- Peru
- Philippinen
- Taiwan
- Türkei
- Vanuatu

Für Reisende sind die wichtigsten Fragen: Wie gut sind die Menschen vor Ort auf ein Beben eingerichtet? Gibt es Vorkehrungen der Regierung? Existieren Notfallpläne der lokalen Behörden? Wie gut hat es in der Vergangenheit geklappt? Überall dort, wo erdbebensicher gebaut wird, darf man relativ gelassen bleiben.

Man muss kein Erdbeben-Experte sein, um zu ahnen, dass es damit in Afghanistan oder in Anatolien unter Umständen nicht weit her ist. In anderen Ländern reicht es, einen Blick auf vergangene Erschütterungen zu werfen: Haiti liegt auch sechs Jahre nach dem großen Beben noch völlig danieder, so groß waren die Zerstörungen. In Rumänien hat man eine interessante Zwischenlösung gefunden: Gefährdete Häuser, von denen man annimmt, dass sie einem Beben von der Stärke 7 auf der Richterskala nicht standhalten, wurden vor einigen Jahren mit einem großen roten Punkt markiert. In manchen Stadtteilen der Hauptstadt Bukarest, die übrigens bereits 1908, 1940, und 1977 von Beben jenseits der Stärke 7, heimgesucht wurde, wimmelt es nur so von roten Punkten. Weitere Konsequenzen scheint dies aber nicht zu haben, denn sie alle sind bewohnt, oft samt Ladenlokal oder Café im Erdgeschoss. Eine Liste der bekannten Risikohäuser erhält man, wenn man nach den Begriffen *lista imobilelor, seismic* sucht.

Wie es richtig funktioniert, zeigte Japan. Als 2011 ein Erdbeben der Stärke 9 die Küste im Nordosten der Hauptinsel Honshu heimsuchte, das wahrscheinlich bisher drittstärkste weltweit, waren die Schäden selbst nahe dem Epizentrum erstaunlich gering. Wäre nicht der Tsunami über die Küste hereingebrochen, wäre wohl innerhalb von Tagen wieder Normalität eingekehrt. Die Gebäudeschäden blieben im überschaubaren Rahmen und die Bevölkerung reagierte sehr besonnen. Auch Neuseeland und Taiwan sind gut vorbereitet, zum Beispiel durch konsequente Anwendung bebensicherer Bauweise. Die USA schneiden in dieser Hinsicht erstaunlich schlecht ab. Amerikanische Medien bemängeln immer wieder, dass die Atomkraftwerke in Kalifornien nur auf Beben der Stärke 7 vorbereitet seien. Die Betreiber sehen das natürlich anders. Auch die Schweiz ist schlecht auf Erschütterungen vorbereitet, das Problembewusstsein gering, obwohl es immer wieder zu Beben kommt. Und wie es um die Erdbebensicherheit in Italien bestellt ist, hat sich bei den Erschütterungen 2009 und zuletzt 2016 gezeigt.

In der Dritten Welt sind die Folgen von Beben erheblich schlimmer. Mangelnde Bildung, Armut und Korruption sind eine tödliche Mixtur, wenn es um Geo-Desaster geht. Selbst wenn Vorschriften für erdbebensicheres Bauen existieren, braucht es verantwortungsvolle Bauherren, die sie umsetzen, und Behörden, die NICHT gegen einen kleinen Obolus wegschauen, wenn minderwertiger Beton verwendet wird. Bestes Beispiel sind die Erdbeben von 2010 in Haiti und in Neuseeland, die strukturell vergleichbar sind: In Haiti starben 260 000 Menschen, in Neuseeland waren es nur 185.

WAS PASSIERT MIT HOCHGESCHWINDIGKEITS-ZÜGEN BEI EINEM ERDBEBEN?

Japan, China und Taiwan haben zwei Dinge gemeinsam: Sie stehen alle auf der Liste der Erdbebenländer und sie sind beim Bau von Hochgeschwindigkeitszugstrecken ganz vorne mit dabei. Mit bis zu 380 Kilometern pro Stunde flit-

WAS TUN BEI ERDBEBEN?

- Die wichtigste Grundregel lautet: Erst denken, dann aus dem Haus rennen. Es ist sicher nicht falsch, sich zur Eingangstür zu begeben. Bei einem Erdbeben können jedoch oberirdisch verlegte Stromleitungen reißen und diese zucken dann tödlich auf der Straße. Falls der Strom nicht zuschlägt, tut es vielleicht ein verschreckter Autofahrer, dem der Angsthase direkt vor den Kühler läuft. Am besten also, man setzt sich bei größeren Beben in den Türrahmen und wartet einfach ab.

- In Erdbebengebieten tut man gut daran, die wichtigsten Dinge wie Pass und Geld und natürlich eine anständige Hose und Schuhe neben der Tür zu platzieren, sodass man diese beim Hinausrennen schnell greifen kann, ohne Zeit zu verlieren. Vor allem Schuhwerk ist von Vorteil, denn barfuß rennt es sich schlecht über Schutt und Scherben.

- Wer nach dem Erdbeben den Lieben zu Hause eine Entwarnung schicken möchte, muss schnell sein. Meist bricht schon nach wenigen Minuten das Telefonnetz zusammen.

- Die Adresse der deutschen Vertretung sollte man immer gespeichert haben, denn bei einer Katastrophe ist sie der erste Ansprechpartner. Im Fall der Fälle evakuiert diese möglicherweise deutsche Staatsbürger und deren Angehörige.

zen diese über Land, teilweise sogar über eigens gebaute Viadukte. Kann das bei Erdbeben gut gehen? Erstaunlicherweise ja. Registrieren die Seismometer der Bahnbetreiber Erschütterungen, lösen sie automatisch ein Signal für die Notbremsung der Züge aus. So geschehen 2010 in Taiwan, als ein Erdbeben der Stärke 6,4 den Süden erschütterte. Auch beim großen Tohoku-Erdbeben von 2011 kam in Japan kein *Shinkansen*-Zug zu Schaden.

VULKANE UND ANDERE HEISSE KANDIDATEN

Seismisch aktive Gebiete warten auch mit allerhand anderen Gefahren auf. Mit Vulkanen beispielsweise. Dafür muss man übrigens gar nicht so weit fahren: Die *Phlegräischen Felder*, eine gewaltige Magmakammer nahe Neapel, bergen das Potenzial für die ganz große Katastrophe. Sie gehören zu den wenigen Supervulkanen der Welt. Natürlich werden sie überwacht. Doch selbst Geologen fällt es schwer, die Zeichen zu deuten. So hebt sich dort von Zeit zu Zeit der Boden – es tut sich also etwas. Doch weist das wirklich auf eine bevorstehende Katastrophe hin? Und wenn ja, wann trifft sie ein?

Bei aller Überwachung, Vulkane sind und bleiben nahezu unberechenbar. Das bewies 2014 der japanische *Ontake* hundert Kilometer nordöstlich von Nagoya. Bei dem überraschenden Ausbruch starben 57 Wanderer durch eine Aschewolke. Das Unglück belegt, dass die größte Gefahr nicht unbedingt von der Lava ausgeht, entweichende Gase und Aschewolken können genauso tödlich sein. Die Tatsache, dass man sich in einer Großstadt aufhält, sollte Reisende nicht in Sicherheit wiegen. Etliche sind geradezu irrsinnig nah an Vulkanen gebaut: Von der ecuadorianischen Hauptstadt Quito und Managua in Nicaragua über Legazpi auf den Philippinen bis hin zu Seattle in den USA und Mexico City – sie alle dürften im Krisenfall nur schwer zu evakuieren sein.

WENN DIE WELLE KOMMT: TSUNAMIS

Mit einem Erdbeben geht eine Gefahr einher, die man im Westen bis zum Jahr 2004 ignoriert hat. Dann kam die große Tsunami-Katastrophe im Pazifik und alles wurde anders. Nicht zuletzt, weil viele europäische Touristen unter den Opfern waren. Die durch ein Seebeben vor Sumatra verursachten Wellen töteten weltweit rund 230 000 Menschen. Realistisch gesehen kann es jederzeit wieder passieren. Das mögen Hoteliers und Tourismusbehörden nur ungern hören, doch Tsunamis sind seit Menschengedenken eine Gefahr, an nahezu allen Küsten der Welt. Fast alle Pazifikstrände kann es treffen, aber auch im Indischen Ozean besteht ein hohes Risiko, vor allem an der ostindischen Küste. Urlauber an der amerikanischen Atlantikküste und an Nord- und Ostsee können mehr oder weniger aufatmen: Hier ist die Wahrscheinlichkeit für einen Tsunami gering.

Im Mittelmeer gehören die griechische und türkische Küste zu den Hochrisikogebieten. Nach einem Erdbeben der Stärke 7,5 im Jahr 1956 traf ein Tsunami von 25 Metern Höhe auf die Insel Amorgos. Auch in Italien hat es 1908 einen Tsunami gegeben, aus geologischer Sicht liegt das noch nicht lange zurück. Die Tatsache, dass der ausgesuchte Urlaubsstrand meilenweit von allen Plattengrenzen entfernt liegt, ist kein Garant für Sicherheit. 2004 reisten die Wellen mehrere Hundert, ja sogar Tausende Kilometer über den Ozean, bevor sie sich zu den verheerenden Tsunamis aufbauten. Selbst in Ostafrika wurden etwa 200 Menschen von den Wellen überrascht, 6500 Kilometer vom Epizentrum entfernt.

SO SCHÜTZEN SIE SICH VOR TSUNAMIS

Der einzige hundertprozentige Schutz vor Tsunamis ist, ziemlich weit oben oder weit draußen auf dem Meer zu sein. Für alle, die gerne am Strand liegen oder mit Blick aufs Meer übernachten, gilt Folgendes:

- Strände an geschlossenen Buchten, mit schmalem Zugang zum offenen Meer sind im Inneren der Bucht generell geschützter. Offene Buchten oder gerade Küsten sind dagegen besonders gefährdet, denn die vom Erdbeben verursachten Wellen werden vom Flachwasser gebremst und türmen sich erst dort zu den tödlichen Wasserwänden auf.
- Warnhinweisen immer sofort folgen. Wenn eine Tsunami-Warnung ausgesprochen wurde oder eine Warnsirene ertönt, dann heißt es losrennen. Sofort. Ohne Gepäck oder andere vermeintlich wichtige Dinge. In diesem Fall ist es nicht schlecht, wenn man den Weg zur nächsten Erhöhung schon kennt. Ein kleiner Hügel tut es dann oft nicht mehr: Tsunami-Wellen können im Extremfall eine Höhe von bis zu 30 Metern erreichen.
- Wenn sich das Meer schnell zurückzieht, sollte man als Mensch an Land dasselbe tun, allerdings in Richtung des nächsten Berges. In vielen Ländern sind diese Flucht-

routen ausgeschildert. Motorboote und Segelschiffe dagegen sollten versuchen, möglichst schnell aufs offene Meer, also in tiefes Wasser zu gelangen. Dort sind die Tsunami-Wellen kaum spürbar, sie verwandeln sich erst an der Küste in tödliche Gefahren. Als sicher gelten rund 100 Faden, also etwas mehr als 180 Meter Wassertiefe.

○ Laden Sie sich eine der vielen Apps zum Thema herunter. Infolge der Tsunamis 2004 im Pazifik und 2011 in Japan gibt es eine ganze Reihe von Apps, die einige Minuten vor dem Eintreffen der Welle Warnungen verschicken. Geben Sie unter *Google Play* oder dem *Apple Store* Ihr Reiseland und den Suchbegriff »earthquake« ein. Ob die Warnungen noch rechtzeitig ankommen, hängt von vielen Faktoren ab. Je tiefer das Wasser, desto größer die Ausbreitungsgeschwindigkeit der Wellen. Im Pazifik können sie sich mit mehr als 700 Kilometern pro Stunde verbreiten, aber auch in flacherem Wasser, wie im Mittelmeer, erreichen die Wellen bis zu 350 Kilometer pro Stunde. Hat es direkt vor der Küste gebebt, bleibt daher nur sehr wenig Zeit für Evakuierungen. Hoffnung gibt es aber allemal: Mittlerweile gibt es für fast alle Regionen der Welt Warnsysteme wie das *Pacific Tsunami Warning Center (PTWC)* in Ewa Beach auf Hawaii, das *National Tsunami Warning Center (NTWC)* in Palmer, Alaska, oder das Tsunami-Warnzentrum in Tokio.

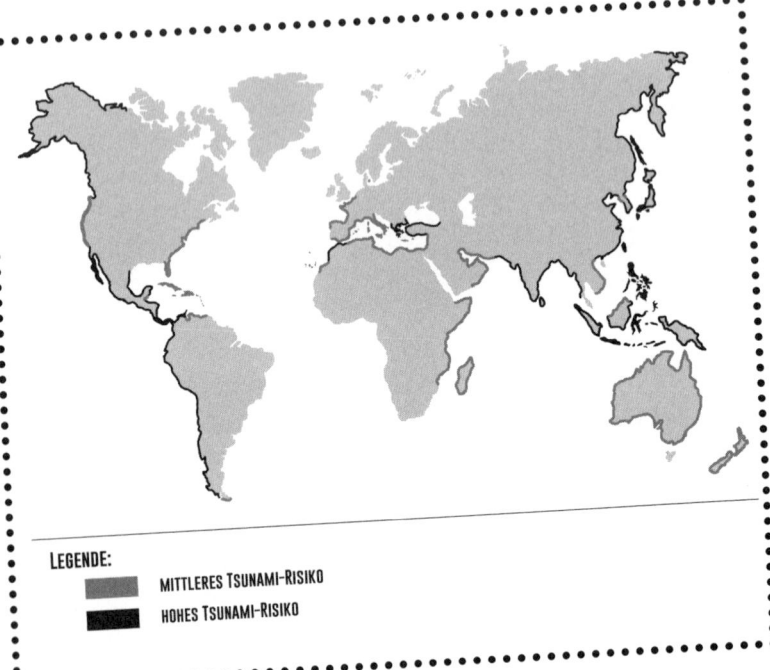

LEGENDE:

MITTLERES TSUNAMI-RISIKO

HOHES TSUNAMI-RISIKO

Generell schadet es auch nicht, ab und zu einen Blick auf die Warnseiten im Internet zu werfen. Die Website *Global Monitoring* zeigt nicht nur geologische Ereignisse an, sondern auch allerhand andere Gefahrenquellen.

Eine Geo-Gefahr, die häufig unterschätzt wird, ist übrigens die eigene Dummheit: Rauchend durch qualmende Schwefelfelder laufen oder nur mal kurz überprüfen, ob das Wasser wirklich so heiß ist? Alles schon da gewesen. Besonders eindrücklich stellte dies ein 23-jähriger US-

Amerikaner im Juni 2016 im Yellowstone Park unter Beweis. Nach einem Sturz in eine kochende, säurehaltige Quelle – er wollte die Wassertemperatur für ein eventuelles Bad prüfen – löste sich sein Körper so schnell auf, dass die Feuerwehr am nächsten Tag nichts mehr zu bergen hatte.

VOM WINDE VERWEHT

Flughafen Tokio, Juni 2015: Kurz vor dem Einsteigen für den Flug nach Frankfurt ließ *Japan Airlines* noch einen recht ungewöhnlichen Aufruf durchsagen: »In wenigen Minuten beginnen wir mit dem Boarding. Bitte benutzen Sie im Zweifelsfall noch einmal die Toilette am Flughafen, denn wir werden kurz nach dem Start einen Taifun durchfliegen.« Mal abgesehen davon, dass dies ein ganz herzallerliebstes Beispiel für die japanische Fürsorglichkeit ist, erahnt man, was es bedeuten kann, einen Taifun zu durchkreuzen. Gefährlich mag es nicht sein, einen Gurt und einen festen Magen braucht man aber schon. Auch am Boden möchte man dem Taifun und seinen Geschwistern eigentlich nicht begegnen. Egal, ob Hurrikan oder Zyklon: Sie sind allesamt zerstörerisch und haben das Zeug dazu, eine Reise in einen Albtraum zu verwandeln. Generell entstehen Wirbelstürme zwischen 5 Grad und 25 Grad nördlicher und südlicher Breite. Direkt über dem Äquator treten sie nicht auf, da dort die Ablenkung durch die Corioliskraft fehlt. Nur selten von Hurrikans betroffen sind die südlichen Inseln der Karibik wie Aruba, Curaçao, Bonaire und Isla Margarita vor der Küste Venezuelas. Auch vor den Westküsten Südamerikas und Afrikas gibt es keine Wirbelstürme, denn diese bilden sich erst ab einer Wassertemperatur von mindestens 27 Grad Celsius.

Mit den unterschiedlichen Bezeichnungen muss man sich übrigens gar nicht lange aufhalten: Sie sind allesamt tropische und subtropische Wirbelstürme, nur treten sie in unterschiedlichen Gebieten auf. Hier eine grobe Einteilung:

- Hurrikan: im Atlantik, also vor Amerika und in der Karibik
- Taifun: im asiatischen Pazifik, also beispielsweise in Japan, Korea, China, Taiwan und auf den Philippinen
- Zyklon: im Indischen Ozean und im Pazifik vor Australien und Neuseeland

Außerdem gibt es noch die Tornados: Die kleinräumigen Luftwirbel begleiten oft die Gewitter rund um die tropischen Wirbelstürme als eine Art Bonus-Track. Auch am Rand des Auges eines starken tropischen Wirbelsturms können sie auftreten. Oft bestehen sie nur wenige zerstörerische Minuten lang.

Bleibt die wichtige Frage: Was hat das mit mir zu tun? Wer ein Faible für Palmenstrände und warme Temperaturen hat, sollte sich mit dem Thema Wirbelstürme auseinandersetzen. Geben Sie doch einfach mal ihr Reiseziel und den Begriff »Wirbelsturm« in die Suchmaschine ein. Wichtig ist auch der Reisezeitraum:

Die Hurrikan-Saison auf dem Atlantik, einschließlich der Karibik und des Golfs von Mexiko, läuft offiziell von Juni bis November. Während dieser gesamten Zeit sind tropische Stürme keine Seltenheit. Im Pazifik ist es ähnlich, aber auch außerhalb der Saison treten immer wieder mal Taifune auf.

Je nach Reiseziel begegnet man den Stürmen mit Resignation (wird schon gut gehen... vielleicht zieht er ja vorbei) oder ausgeklügelten Vorkehrungen. Letzteres ist übrigens vorzuziehen. Traumatisch wirkte in dieser Hinsicht der Wirbelsturm *Katrina* 2005 in New Orleans, bei dem sich die städtischen Behörden nicht mit Ruhm bekleckerten und völlig überfordert waren.

Folgende Länder werden laut Statistik am häufigsten von Wirbelstürmen heimgesucht:

- Australien
- China
- Japan
- Kuba
- Madagaskar
- Mexiko
- Philippinen
- Taiwan
- USA
- Vietnam

In einigen Ländern kann man auch direkt auf die staatlichen Seiten schauen:

Japan:	*Japan Meteorological Agency*
Australien:	*Bureau of Meteorology*
USA:	*National Hurricane Center*
China:	*China Meteorological Administration*
Philippinen:	*Philippine Atmospheric, Geophysical and Astronomical Services Administration*

WAS TUN, WENN EIN WIRBELSTURM NAHT?

- Bleiben Sie informiert. Verfolgen Sie die Nachrichten oder sehen Sie auf den lokalen News-Seiten im Internet nach. Längst gibt es auch Apps wie beispielsweise den *Typhoon Tracker* für Asien und die *Hurricane Forecaster Advisory* für Atlantik und Pazifik.
- Fragen Sie im Hotel nach Evakuierungsplänen und befolgen Sie diese im Ernstfall!
- Holzhütten oder Campingwagen sind kein sicherer Ort, Suchen Sie ein möglichst solide gebautes Haus auf.
- Verlassen Sie die Küstenregion und fahren Sie ins Landesinnere, wenn die Zeit dafür noch reicht.
- Halten Sie sich fern von Fenstern und Türen. Am sichersten ist man in einem Raum im Inneren des Hauses im Erdgeschoss.
- Schließen Sie alle Türen im Haus und sichern Sie die Außentüren.
- Windstille bedeutet nicht unbedingt, dass das Unwetter vorbei ist. Es kann sich auch um das Auge des Sturms handeln.
- Halten Sie sich nach dem Hurrikan von Wasserflächen fern. Gerissene elektrische Kabel können diese in tödliche Fallen verwandeln.

WENN DER KAVENTSMANN KOMMT: NEUROSEN FÜR KREUZFAHRER

Tsunamis, Erdbeben, Erdrutsche – all das juckt den Kreuzfahrt-Touristen nicht. Doch auch auf ihn lauert eine Gefahr: Freak Waves. Lange Zeit hielt man sie für Hirngespinste sonnenverbrannter Seemänner. Doch seit einigen Jahren weiß man nicht nur mit Sicherheit, dass diese Monsterwellen wirklich existieren, sondern hat auch eine Vorstellung davon, wie sie entstehen.

Die Fakten: Seit Jahrhunderten berichten Seeleute immer wieder von gigantischen »Kaventsmännern«, die sich scheinbau aus dem Nichts mitten im Ozean auftürmen und sogar riesige Dampfer verschlingen. Wenn sie denn nach der Begegnung noch davon erzählen können. Manch ein scheinbar spurlos verschwundenes Schiff könnte diesen Wellen zum Opfer gefallen sein. Sie entstehen bei-

---

8 *www.worldriskreport.org*

spielsweise, wenn ein heftiger Wind gegen eine starke Meeresströmung drückt oder wenn in flachen Meeresgegenden Wellen auf einen Bereich fokussiert werden. Auch wenn schnellere Wellen langsame Vorläufer einholen, man nennt das Überlagerungen, können Wellenwände entstehen. Besonders oft treten sie südöstlich von Südafrika auf, vor Süd- und Mittelnorwegen und im Pazifik. Zu den prominenten Opfern gehört wahrscheinlich der Frachter »München«, der 1978 mit Mann und Maus vor den Azoren spurlos verschwand. 1995 überrollte eine Monsterwelle vor Neufundland das Kreuzfahrtschiff »Queen Elizabeth 2«. Das Schiff wurde dabei schwer beschädigt, doch wie durch ein Wunder wurde niemand ernstlich verletzt. 2001 gerieten mit der »Caledonian Star« und der »Bremen« gleich zwei Kreuzfahrtschiffe vor den Falklandinseln in Monsterwellen, 2005 traf es die »Norwegian Dawn« vor Florida, auch hier forderte der Zwischenfall keine Todesopfer, während das Schiff schwer beschädigt wurde. 2010 traf es die »Louis Majesty« im Mittelmeer, zwei Menschen starben.

Zugegeben, die Wahrscheinlichkeit, einer solchen Welle zu begegnen, ist geringer als die, sich auf einer Schiffstreppe den Hals zu brechen – nur dass man Letzteres hoffentlich ein wenig mehr im Griff hat.

12 GAR NICHT LUSTIG: WENN REISEN LEBENSGEFÄHRLICH IST

Politische Unsicherheiten sind ein Nährboden für Ängste. Und welche Fernreiseziele sind schon völlig frei von innen- oder außenpolitischen Spannungen?

BRIEFTRÄGER ODER ERSCHIESSUNGSKOMMANDO?

Es gibt Länder, in denen Uniformträger grundsätzlich nervös machen. Zum Beispiel, weil sie viel mit Außerirdischen gemein haben, denen man in Hollywood-Filmen begegnet: Man weiß einfach nicht, ob sie mit guten oder bösen Absichten kommen. In einer ganzen Reihe von afrikanischen Ländern gehören diese Unsicherheiten zum Alltag, wie auch in einigen Staaten in Zentralasien, Zentralamerika und im Orient. In Honduras, Ägypten, Kamerun und Pakistan zum Beispiel. Oder in Mexiko. Und will man im Kongo wirklich bei der Polizei vorstellig werden?

Doch es trifft auch auf den ersten Blick sichere Reiseländer, beispielsweise Südkorea. Ein wirklich angenehmes Land, mit niedriger Kriminalitätsrate, extrem pünktlichen Verkehrsmitteln, sauberen Restaurants und auch sonst wenigen Risiken. Nicht einmal tektonisch liegt hier irgendetwas im Argen. Würde nicht wenige Kilometer nördlich ein Irrer mit lustiger Frisur und Zugang zu Atomwaffen wohnen. Die Koreaner wissen um diese Gefahr. Ab und an stoßen sie auf einen handgegrabenen nordkoreanischen Tunnel, mit dem die Invasion vorbereitet oder zumindest begleitet werden sollte. Aber auch oberirdisch rasseln immer wieder die Säbel: kleine Schießereien vor Inseln, deren Zugehörigkeit als umstritten gilt, verbale Attacken... Der koreanischen Presse sei Dank wird offen über alle Entwicklungen berichtet.

Doch wie steht es um die afrikanischen Länder? Und all die kleinen Staaten weltweit, von denen man nur wenig hört und daher nur schwer einschätzen kann, wie sicher sie wirklich sind? Wer bekommt schon mit, wenn die Stimmung zwischen Tutsis und Hutus in Ruanda oder Burundi wieder umschlägt? Wüssten Sie auf Anhieb, wie es in Nicaragua zugeht und ob man in Honduras abends bummeln gehen kann?

TOURISMUS-PROBLEM TERROR

Eine andere Herausforderung ist der weltweite Terror. Theoretisch kann er überall und zu jeder Zeit zuschlagen. De facto trifft es aber immer wieder dieselben Länder. Es schadet daher nicht, vor der Abreise nachzuschlagen, was die Statistiken zum Thema Attentate sagen und wie oft es in letzter Zeit zu »Zwischenfällen« kam. Auf allzu alte Informationen sollte man sich dabei nicht verlassen, denn die Lage kann schnell umschlagen. Einst vergleichsweise entspannt in puncto Glaubensfragen, haben die Malediven heute ein echtes Religionsproblem, inklusive öffentlicher Auspeitschungen in der Hauptstadt Male. Revolutionen und kriegerische Auseinandersetzungen haben dazu geführt, dass auch der nordafrikanische Raum innerhalb von wenigen Jahren sein Sicherheitsranking in den Keller stürzen sah.

KANN MAN SICH VOR TERROR SCHÜTZEN?

»Der Besitzer der schwarzen Reisetasche im Übergang zu Abteil 23 möge sich umgehend melden und das Gepäckstück entfernen.«

Eine solche Durchsage bringt mittlerweile ziemlich zuverlässig auch ein volles Abteil in Sekundenschnelle zum Schweigen. Wo ist Abteil 23? Liegt es in meiner Nähe? Und befindet sich in der Tasche am Ende eine Bombe?

Klar, es ist weitaus wahrscheinlicher, bei einem Verkehrsunfall zu sterben oder dem Krebs zu erliegen. Trotzdem möchte niemand auf Reisen ständig auf der Hut sein – und auch nicht neben besagter Reisetasche stehen. Gerade Orte, an denen sich Reisende aufhalten, sind besonders beliebt bei Terroristen: Flughäfen, Bahnhöfe, öffentliche Verkehrsmittel, internationale Hotels und Restaurants, leicht zugängliche Orte, an denen sich viele Menschen drängen und ein stetes Kommen und Gehen herrscht. Bei aller Überwachung lassen sie sich niemals zu hundert Prozent überwachen. Eine fremde Person fällt dort nicht weiter auf, es sind ja alle irgendwie fremd. Außerdem spekulieren Attentäter darauf, nicht nur möglichst viele Menschen, sondern auch viele unterschiedliche Nationalitäten zu treffen. Das sorgt für internationale Medienpräsenz und darum geht es ihnen letztlich. Gerade deshalb sind Terroranschläge so furchterregend, obwohl ihnen weitaus weniger Menschen zum Opfer fallen als unaufmerksamen Fernfahrern. Doch was kann der einzelne Reisende überhaupt dagegen tun?

SICHERHEITSREGELN UNTERWEGS

Die beste Methode, sich vor einem Terroranschlag zu schützen, ist, sich gar nicht erst dort aufzuhalten, wo die Gefahr am größten ist. Wer sich möglichst wenigen Risiken aussetzen will, sollte sich an Flughäfen und Bahnhöfen folgendermaßen verhalten:

- Reisen Sie kurzfristig an und essen oder bummeln Sie nicht im öffentlichen Bereich.
- Gehen Sie möglichst schnell durch die Sicherheitsschleuse.
- Meiden Sie, sofern möglich, die besonders belebten Zeiten, zum Beispiel durch den Vorabend-Check-in.
- Checken Sie online ein, anstatt lange am Schalter zu warten.

Diese Regeln gelten besonders für all jene Länder, in denen es dem Staat nicht gelingt, die öffentliche Sicherheit zu garantieren. Dass in vielen Ländern nicht einmal der Sicherheitsbereich seinen Namen verdient, hat sich am Beispiel Ägypten mehrfach gezeigt. Im Oktober 2015 gelang es einem Attentäter, eine Bombe in einen russischen Ferienflieger zu schmuggeln. Wenige Wochen später versagten die Sicherheitskräfte erneut, als ein Flugzeugentführer Waffen mit an Bord brachte und damit eine Maschine nach Zypern entführte. Wartezeiten verbringt man daher am sichersten an einem Gate abseits der Menschenmenge – oder in der Business Lounge, zu der die meisten Reisenden zu ihrem großen Bedauern allerdings keinen Zutritt haben.

Nach der Ankunft am Reiseziel gelten dieselben Regeln: Möglichst flott sollte man sich von der Menge entfernen. Abholer warten am besten nicht am viel frequentierten Meeting-Point, sondern an einer ruhigeren Stelle. Für den Transfer zum Hotel ist das Taxi die bequemere und sicherste Variante, denn öffentliche Verkehrsmittel zählen zu den beliebtesten Anschlagszielen, lassen sie sich doch nur schwer kontrollieren.

ZIMMER IST NICHT GLEICH ZIMMER

Auch die Wahl des Hotelzimmers ist nicht unwichtig. Internationale Hotels im Vier- und Fünf-Sterne-Bereich sind zwar oft geschützt, gleichzeitig aber die erste Wahl von Terroristen, wenn es darum geht, möglichst viel Aufmerksamkeit zu erzeugen. Die Wahrscheinlichkeit, in einer billigen Absteige Opfer eines Anschlags zu werden, ist weitaus geringer – es lohnt sich für Attentäter einfach nicht.

HOTELSICHERHEIT FÜR ANFÄNGER:

○ Wo sind eigentlich die Notausgänge? Wie sind die Fluchtwege aus dem Hotel? Es dauert nur Sekunden, sich den Weg zum nächsten Notausgang einzuprägen, denn im Ernstfall bleibt keine Zeit, den Fluchtweg zu suchen.

- Wählen Sie ein Zimmer, das weit von der Rezeption entfernt liegt, diese sind oft sicherer. Am Empfang passieren die meisten Überfälle und Attentate.

- Oberhalb des 6. oder 7. Stocks genießen Sie zwar einen wunderbaren Blick, haben aber im Brandfall ein gewaltiges Problem. Vor allem, wenn die Sprinkleranlage versagt. Weiter hinauf reichen die Leitern der Feuerwehren garantiert nicht.

- Vermeiden Sie Zimmer mit Fenstern zur Straße. Oder anders gesagt: Besser ein attraktiver Blick auf den Müllschlucker im Hinterhof als auf eine Autobombe.

- Wenn es gekracht hat, lautet die Devise »Raus!«. Sind Schüsse zu hören, gilt das Gegenteil. In diesem Fall empfiehlt es sich, das Zimmer zu verbarrikadieren, unbedingt aus dem Schussfeld zu gehen und Glasfronten zu meiden: Dort ist die Gefahr durch Splitter und »friendly fire« besonders hoch.

All dies gilt natürlich nicht zwingend für einen Urlaub in Island, dem Land, das in Sachen Terror und politische Gefahren zu den sichersten der Welt gehört. Auch in Lappland oder am Nordkap darf man wahrscheinlich entspannter an den Urlaub herangehen. Andererseits haben die Attentate in Paris, Brüssel und Berlin 2015 und 2016 gezeigt, dass nicht nur weit entfernte Länder gefährlich sein können. Überall dort, wo es bereits in der Vergangenheit Anschläge gegeben hat oder das Auswärtige Amt vor Menschenmengen warnt – eine schöne Verklausulierung für »Hier kann es immer mal krachen« –, lohnt es sich, die

Ratschläge zu beherzigen. Man muss ja keine große Sache draus machen.

MIT BAUCHGEFÜHL GEGEN DIE GEFAHR

Intuition und Mut zur Eingebung sind die wahrscheinlich wichtigsten Faktoren beim Schutz vor Terror. Auch der abgebrühteste Täter dürfte ziemlich gestresst sein, wenn er sein letztes Stündlein plant, und verrät sich dem aufmerksamen Beobachter durch nervöses Verhalten, das instinktiv nicht als »normal« wahrgenommen wird. Fragt man Opfer von Terroranschlägen, zeigt sich oft: Sie haben schon früh erkannt, dass etwas nicht stimmt, auch wenn sie oft nicht begründen können, was letztlich den Eindruck verursacht hat. Auch geschultes Sicherheitspersonal verlässt sich auf dieses »Gefühl«, das sich als sicherstes Indiz für Gefahr erwiesen hat. Problematisch ist: Wir alle haben eine gewisse Hemmschwelle, dieses Gefühl zuzulassen – irgendwie ist es ja schon peinlich, wenn sich die verlassene Sporttasche als ebensolche entpuppt und der gefährlichste Inhalt käsige Turnschuhe sind. Aber im Zweifelsfall sollte man dem Bauchgefühl folgen, ruhig weggehen und unaufgeregt das Sicherheitspersonal benachrichtigen – oder, wenn keine offiziellen Kräfte in Sicht sind, in einem der lokalen Shops Bescheid sagen. Die Verkäufer dort haben auch kein großes Interesse, einer Bombe zu begegnen, und wissen, wo man anrufen muss, um die Sache zu überprüfen.

WENN DIE REISE LÄNGER DAUERT

Ein weiteres Risiko auf Reisen sind Entführungen. Gott sei Dank existiert dieses Problem nicht überall auf der Welt, einige Länder haben sich jedoch als Zentren der Entführungsindustrie etabliert. Der Jemen, Afghanistan, Nigeria, Mexiko, Kolumbien, Venezuela, das umstrittene Kaschmirgebiet in Pakistan und Indien, Somalia, die Krisengebiete des Nahen Ostens und der moslemische Süden der Philippinen: In diesen Ländern steht die vergleichsweise einfache Verdienstmöglichkeit hoch im Kurs. Nach Schätzungen von Versicherungen werden jedes Jahr rund 10 000 bis 15 000 Reisende entführt. Meist handelt es sich dabei um Menschen, die geschäftlich unterwegs sind. Hinter ihnen vermuten die Entführer zu Recht potente Geldgeber, die sich eine Lösungsgeldzahlung leisten können. Bei Reisen in Krisengebiete sind diese hin und wieder sogar gegen Entführung versichert, worauf sich die Täter wiederum verlassen. Dumm ist dann, wenn man zu den Westlern gehört, bei denen das nicht zutrifft. Touristen sind zwar eher selten das ausgewiesene Ziel von Entführungen, sich unterwegs als hohes Tier einer Firma erkennen zu geben ist jedoch keine gute Idee. Im Fall der Fälle gibt es Agenturen wie die *Control Risks Group* oder die *Ackerman Group,* die sich auf Verhandlungen spezialisiert haben und ziemlich genau wissen, welcher Tarif wo in der Welt gilt. Dass betroffene Firmen nicht mit einer Entführung hausieren gehen, ist klar: Nachahmer sollen unbedingt vermieden werden. Wahrscheinlich werden nicht einmal zehn Prozent aller Entführungen weltweit gemeldet.

Und das ist nur eine von vielen Gefahren: Betrug,

Taschendiebstahl, Raubüberfälle und manchmal auch so abstruse Dinge wie gepanschter Alkohol…die Auswahl ist riesig.

SICHER HINTER DEM ZAUN

Man könnte sich natürlich von allen Risiken fernhalten, einfach in einer schicken Hotelanlage bleiben, am Pool liegen und ab und zu über den Zaun schauen. Aber wer reist, will ja hier und da auch ein paar Einheimische kennenlernen, den Alltag erleben, in fremde Kulturen eintauchen – oder vielleicht doch nicht? Ein Blick auf die Verbrechensstatistiken kann diesem Wunsch schon einen Dämpfer verpassen. Zum Beispiel, weil der Alltag eben von Gewalt geprägt ist, weil auch die Menschen vor Ort sich im Dunkeln kaum aus dem Haus trauen. Oder weil sie den Besucher als naive Kuh sehen, die man unbedingt melken muss. Ein kleiner Touristenaufschlag in den Geschäften? Geschenkt! Damit muss man als Reisender leben. Weniger lustig ist es, wenn man Opfer einer »ATM-Entführung« wird. Die neuen Freunde fahren einen dann freundlicherweise von Geldautomat zu Geldautomat, bis die Karte nichts mehr hergibt. Jeder weiß, dass Lateinamerika nicht ohne ist – aber auch, dass ein Drittel aller Morde weltweit in Latein- und Mittelamerika begangen werden? In einer Region, in der nicht einmal ein Zehntel aller Menschen dieses Planeten leben? Hier ein kleiner Auszug aus der internationalen Mordstatistik:

LAND	MORDE PRO 100 000 EINWOHNER
HONDURAS	86,6
EL SALVADOR	70,2
VENEZUELA	53,7
AMERIKANISCHE JUNGFERNINSELN	52,6
JAMAIKA	40,6
GUATEMALA	38,6
KOLUMBIEN	33,8
SÜDAFRIKA	31,0
BAHAMAS	29,8
BRASILIEN	28,3
DOMINIKANISCHE REPUBLIK	26,3
MEXIKO	22,2
ECUADOR	15,4
ELFENBEINKÜSTE	11,4
NICARAGUA	11
ANGOLA	10,0
RUSSLAND	9,3
COSTA RICA	8,8
PAKISTAN	7,9
SENEGAL	7,9
TANSANIA	7,9
LAOS	7,3
LITAUEN	6,7
PERU	6,5
KENIA	6,4
SAUDI-ARABIEN	6,2
WELTWEITER DURCHSCHNITT	6,2
KUBA	5,5
ARGENTINIEN	5,2
ALBANIEN	5,0
THAILAND	4,9

LAND	MORDE PRO 100 000 EINWOHNER
USA	4,7
TÜRKEI	4,3
SRI LANKA	3,3
LIBERIA	3,2
USBEKISTAN	3,2
TUNESIEN	3,1
MALEDIVEN	2,9
NEPAL	2,9
CHILE	2,8
INDIEN	2,8
IRAN	2,7
VEREINIGTE ARABISCHE EMIRATE	2,6
MYANMAR (BIRMA)	2,4
MALAYSIA	2,3
SEYCHELLEN	2,1
BULGARIEN	1,9
SIERRA LEONE	1,9
BELGIEN	1,8
KAMBODSCHA	1,8
RUMÄNIEN	1,7
FINNLAND	1,6
GRIECHENLAND	1,5
KANADA	1,5
VIETNAM	1,5
UNGARN	1,4
FRANKREICH	1,2
IRLAND	1,2
MAROKKO	1,2
PORTUGAL	1,2
AUSTRALIEN	1,1
KROATIEN	1,1

LAND	MORDE PRO 100 000 EINWOHNER
GROSSBRITANNIEN	1,0
SCHWEDEN	1
TSCHECHISCHE REPUBLIK	1,0
ISLAND	0,9
ITALIEN	0,9
NEUSEELAND	0,9
NIEDERLANDE	0,9
CHINA, VOLKSREPUBLIK	0,8
DEUTSCHLAND	0,8
SPANIEN	0,8
SÜDKOREA	0,8
DÄNEMARK	0,7
ÖSTERREICH	0,7
SCHWEIZ	0,7
INDONESIEN	0,6
NORWEGEN	0,6
HONGKONG	0,4
JAPAN	0,3
SINGAPUR	0,2

Die Statistik hält so einige Überraschung parat: Wer hätte schon gedacht, dass die Amerikanischen Jungferninseln, beliebt bei wohlhabenden Jachtbesitzern, eine so eklatant hohe Mordrate haben? Oder dass Liberia mit 3,2 Morden pro 100 000 gar nicht so schlecht dasteht und sogar die USA in den Schatten stellt? Und das trotz jahrzehntelangem Bürgerkrieg. Wie ist es möglich, dass die Mordrate in Honduras 300-mal so hoch ist wie in Japan?

Trotzdem sollte man genauer hinschauen: Nicht alle vermeintlich gefährlichen Länder erweisen sich bei näherem Hinschauen landesweit als Risikogebiet. In Venezuela konzentrieren sich die Morde sehr auf die Hauptstadt Caracas, die sogar 120 Morde pro 100 000 Einwohner verzeichnet. Andere Länder gelten zwar als allgemein sicher, stechen aber in einigen wenigen Disziplinen der Kriminalstatistik hervor. Niemand würde Brüssel allen Ernstes als gefährliche Stadt bezeichnen wollen. Trotzdem glänzt die europäische Hauptstadt mit einer hohen Diebstahlrate. Wer dies nicht weiß, ist beim ersten Kaffeestopp schnell die Handtasche los. Dass man sich am Bahnhof Gare du Midi nachts nicht herumdrückt, wissen zwar alle Brüsseler, aber nur wenige Touristen, was den Kriminellen der Stadt stete Einkünfte garantiert.

Wer den bekannten Gefahren aus dem Weg gehen will, sollte daher recherchieren wie ein Profi. Allen voran bietet das Auswärtige Amt mit seinen Länderseiten eine solide Übersicht über alle Staaten der Erde und ihre Risiken. Hin und wieder lohnt auch der Blick auf die Webseiten ausländischer Außenministerien, wie die der Schweiz oder Österreichs. Das *U.S. Department of State* legt strengere Maßstäbe an und hat mehr Reisewarnungen zu bieten als das Auswärtige Amt. Andere nicht staatliche Quellen sind bei der Informationsbeschaffung vor allem dann wichtig, wenn sich auf anderem Wege nicht genügend Details in Erfahrung bringen lassen. Meist trifft dies auf Krisengebiete zu. Organisationen wie *ASI-Europe, Stratfor Strategic Forecasting, iJET Travel Intelligence* oder *Corporate Risk International* bieten eine Fülle von Informationen – und sie haben ihren Preis. Ein Blick auf die jeweiligen Webseiten lohnt sich trotzdem, denn die Newsflashs sind in der Regel gratis. Im nächsten Schritt geht es weiter mit der kleinteiligeren Suche: »Stadt« plus »Crime« ist so eine Schlagwortsuche, die sich lohnt. Zwar muss man nicht alles glauben, was man online findet, einen Trend kann man aber schon oft erkennen.

Sicher ist auch: Rucksackreisende und all jene, die sich bewusst von den touristischen Pfaden entfernen, sind gefährdeter als Pauschaltouristen oder Reisende auf 4–5-Sterne-Niveau. Sie sind oft dort unterwegs, wo die Menschen arm und benachteiligt sind. Auch ein Blick auf den *Gini-Index* kann da nicht schaden. Er bildet die Ungleichheit der Einkommensverteilung ab. Armut ist nicht zwingend mit Kriminalität gleichzusetzen, große soziale und finanzielle Unterschiede aber meist schon, und Backpacker sind mehr als andere Reisende auf die Unterstützung der lokalen Bevölkerung angewiesen. Das führt zu spannenden Begegnungen, manchmal eben auch dem Kontakt zu weniger wohlwollenden Menschen.

DAS GANZ GROSSE ABENTEUER: UNTERWEGS MIT ANDEREN

Manche von Menschen verursachten Katastrophen finden im Verborgenen statt und der Gegner stand einem eigentlich mal sehr nahe. Damals, vor der Reise, als man noch befreundet war. Oder verheiratet.

In Deutschland wird jede dritte Scheidung nach dem Sommerurlaub eingereicht. Und nicht nur das: Ein weiteres Drittel schmeißt nach den Weihnachtsferien das Handtuch. Die Gründe sind nachvollziehbar: 24 Stunden am Stück, mehrere Tage lang, hautnah und ohne Rückzugsmöglichkeiten, da wird aus Liebe schnell die nüchterne Erkenntnis, dass der Partner auf Dauer total langweilig ist. Oder völlig andere Vorstellungen von Spaß hat. Außerdem ist während des Urlaubs endlich mal Zeit, all die wichtigen Fragen zu klären, die sich aufgestaut haben. In Italien fallen im Übrigen noch mehr Ehen dem Urlaub zum Opfer. Dort wird jede zweite Scheidung nach den Sommerferien eingereicht.

Gleiches gilt manchmal auch für Freundschaften. Auch oder gerade wenn beide an denselben Abneigungen oder Phobien leiden. Es kann einen rasend machen, wenn der andere die Macken, die man sich selbst unter großen Anstrengungen verkneift, hemmungslos auslebt!

13 ALLES SCHALL UND KEIN RAUCH

Zugegeben: Raucher sind per se erst einmal keine Neurotiker. Verweigert man ihnen die Zigarette, können sie sich allerdings innerhalb von Stunden in solche verwandeln. Zudem haben es reisende Raucher nicht einfach. Eigentlich sind sie sogar die Könige unter den Verlierern. Fast alle von ihnen erinnern sich an die goldenen Zeiten, als man den Interkontinentalflug noch mit einem heiß gequalmten Päckchen Marlboro überbrücken konnte. Heute heißt es durchhalten – und hoffen, dass sich am Umsteigeflughafen eine der stinkenden kleinen Plastikboxen finden lässt, in der bereits zehn Raucher hektisch an ihrem Nikotinspiegel arbeiten.

2015 verschickte die Stadt Bibione kurz hintereinander zwei Pressemitteilungen, die erst in Kombination so richtig interessant wurden. Die erste handelte vom »Smoke Free Beach« und der Initiative »Respira il mare« – Atme das Meer. Der Badeort in Venetien hatte bereits 2014 das Rauchen am Strand verboten und dadurch nach eigenen Angaben »den Badegästen 250 000 Zigaretten entzogen«. Von dieser etwas unglücklichen Formulierung einmal abgesehen, die nach Taschendiebstahl und Auf-die-Finger-Hauen klingt, erfreute sie ihre Leser (in diesem Fall die Journalisten) mit einer Studie des *Nationalen Krebsinstituts* von Mailand, die unter anderem versicherte, dass Zigarettenrauch unter bestimmten Bedingungen schädlicher als die Verunreinigung eines verkehrsreichen Gebiets sein könne. Genauer gesagt wurde im Windschatten von Rauchern in einer Entfernung von 10 Metern und bei einer durchschnittlichen Windgeschwindigkeit von 2,7 Metern pro Sekunde Spitzenkonzentrationen von Schadstoffen gemessen (250 Mikrogramm/mc), die gleichzeitig mit einer Geruchswahrnehmung auftreten. Obwohl diese nur wenige Sekunden dauern, übertreffen diese Winde den Basiswert am Strand nicht nur um ein Vielfaches oder um das Doppelte, sondern auch den am Kreisverkehr *Corso del Sole* in Bibione, einem stark befahrenen Bereich. Der Durchschnittswert des Industrierußes betrug von Anfang bis zum Ende der Rauchphasen 7,4 Mikrogramm/mc gegenüber gemessenen 2,1 Mikrogramm/mc am erwähnten Kreisverkehr und 1,8 Mikrogramm, dem Basiswert am Strand.

So richtig interessant wurde diese Pressemitteilung in Kombination mit einer weiteren, die fast zeitgleich in die Inbox flatterte: Bibione ist hundefreundlich! Selbstverständlich dürfen Hundebesitzer ihre Lieblinge mit an den Strand nehmen. Ganz unweigerlich fragt man sich: Lieber Tiere als Raucher? Lieber Hundehaufen als Zigarettenstummel? Lieber mit Urin markierte Sonnenschirme als Kippen? Es wird wohl leichterfallen, Rauchern die Benutzung der öffentlichen Aschenbecher beizubiegen, als einem

Hund anzutrainieren, die Arschbacken zusammenzuknei-
fen oder gar sein Revier nicht mehr zu markieren – vor
allem, wenn sich gleich eine ganze Reihe von Hunden am
Strand herumtreiben. Allerdings haben Hunde auch einen
großen Vorteil: Sie rauchen garantiert nicht!

HER MIT DEM NIKOTIN!

Für Raucher beginnt das Elend lange vor dem Strand-
besuch. Sie rauchen ja nicht nur aus Gewohnheit, sondern
auch aus Nervosität, aus Freude, zur Entspannung, in
Gesellschaft, aus Langeweile und besonders gerne in
anstrengenden Situationen. Zum Beispiel vor einem Langstreckenflug. Oder während des Fluges. Zumindest war
dies bis Mitte der 90er so. Dann fingen die ersten Fluggesellschaften an, ihre Flüge in Nichtraucherflüge umzu-
wandeln. Seit dem Jahr 2000 sind alle Fluglinien »clean«,
sieht man von einigen wenigen Privatmaschinen ab. Für
Nichtraucher, denen der Qualm aus den letzten Reihen
und allen Klimaanlagen zum Trotz um die Nase wehte, eine
rundum positive Entwicklung. Raucher freilich überlegen
es sich seither zweimal, ob es wirklich ein Langstreckenflug
sein muss, und liefern nach der Landung, bei der ersten
Rauchgelegenheit, eine filmreife Vorführung für einen
Werbespot ab: Mit glücklichem Gesicht ziehen sie sich die
Zigaretten so gierig rein, dass schier der Filter glüht.

Doch warum sind die Fluggesellschaften so fürchterlich
streng, wenn es um Raucher geht? Dass Rauchen in der
Tat nicht ganz ungefährlich ist, zeigt ein Unglück von 1973:
Ein Passagier der brasilianischen Airline *Varig* hatte wahr-

scheinlich seine brennende Zigarette in den Mülleimer der Toilette geworfen. Nur elf der 134 Menschen an Bord überlebten den Flug, giftige Rauchschwaden hatten sich in der Kabine ausgebreitet.

Seither müssen Toiletten einen Aschenbecher besitzen – auch heute noch, trotz Rauchverbot! Sollte sich ein uneinsichtiger Mensch in der Toilette trotzdem eine Zigarette anzünden, will man ihm nach den Regularien der *EASA* und *FAA* wenigsten die Möglichkeit geben, sie auszustumpen, ohne das gesamte Flugzeug in den Untergang zu reißen.

Dass seit gut zwanzig Jahren Raucher nach und nach dem Glimmstängel auf dem Flug entsagen mussten, hat jedoch nur bedingt mit Sicherheit zu tun. Weitaus einflussreicher war das Bestreben, Nichtraucher vor den Gesundheitsschäden durch passives Rauchen zu schützen. Vorreiter waren die USA: Hier verschwanden die Raucherreihen zuerst. Abstruserweise durfte man Ende der Neunziger auf einigen Flügen so lange rauchen, bis das Flugzeug in den Luftraum der USA eintrat.

Die strikte Anti-Raucher-Haltung machte sich dann auch am Boden bemerkbar. Flughäfen sind heute nahezu überall auf der Welt Nichtraucherzonen (dort, wo es nicht so ist, liegt meist einiges im Argen, sodass diese Länder aus anderen Gründen nicht besonders oft auf der Hitliste der Reisenden stehen).

Seither heißt es für den Fluggast: Für die letzte Kippe vor dem Start ab in die Raucher-Box, meist eine verpestete zehn Quadratmeter große Einrichtung mit asthmatischer Klimaanlage und so schlechter Luftqualität, dass sich eine Zigarette eigentlich erübrigt und die Benutzer sie mit einem dezidierten Aschenbecher-Odeur am Leib wieder verlassen.

Nun könnte man auf den Gedanken kommen, auf E-Zigaretten auszuweichen. Doch der ideale Ausweg ist das leider nicht: Obwohl bei der Verdampfung kein Rauch entsteht, sind sie beispielsweise auf allen Flügen in die und aus den USA verboten. In Hongkong, den Vereinigten Arabischen Emiraten, Saudi-Arabien, Surinam, Brunei, Jordanien und Dubai sind sie sowieso nicht erlaubt, man sollte sie daher auch nicht im Gepäck mitführen. In vielen anderen Ländern der Welt ist der legale Status der E-Zigaretten noch unklar, weitere Verbote können noch folgen.

WARUM DER BALKON SO WICHTIG IST

Am Zielort angekommen, offenbart sich Rauchern gleich das nächste Problem: Auch die Hotels haben in Europa und den USA zu großen Teilen auf die Nichtraucherpolitik eingeschwenkt. Die Frage, ob das Hotelzimmer ein echtes, zu öffnendes Fenster besitzt (zum Heimlichrauchen) oder gar einen Balkon (für die erlaubte Zigarette) bekommt eine ganz neue Bedeutung.

Immerhin gibt es einige Internetportale, die sich auf Raucher spezialisiert haben, wie *Smokers United* und *Raucher auf Reisen*. Auch bei einigen Hotelbuchungsportalen kann man sich hier und da die wenigen Hotels mit Raucherzimmern anzeigen lassen. Aber Vorsicht: Nur weil es Nichtraucherzimmer gibt, sollte man nicht auf den Rückschluss hereinfallen, es müsse zwangsläufig auch Raucherzimmer geben.

GIBT ES IRGENDETWAS, DAS DIE GIER NACH NIKOTIN STOPPEN KANN?

Die ehrliche Antwort lautet: Nein. Nikotinpflaster und Kaugummis mögen den rein körperlichen Jieper abmildern, aber Rauchern geht es eben nicht nur um die reine Zufuhr des Giftes, sondern auch um eine ganze Reihe Situationen, die so fest mit der Zigarette verbunden sind, dass man sie ohne einfach nicht genießen kann. Das Glas Wein zum Beispiel. Oder die Verdauungspause nach dem Essen. Es geht um Entspannung und um das lockere Gespräch mit dem Sitznachbarn. Kein Wunder, dass spätestens eine halbe Stunde nach dem Start bei den meisten Rauchern die Sehnsucht einsetzt: Auf Flughöhe angekommen, fangen die Flugbegleiter an, in der Küche zu rumoren, die ersten Drinks werden ausgeschenkt. Rotwein oder Weißwein? »Egal, aber bitte mit einer Zigarette!«, wäre die ehrliche Antwort auf diese Frage.

Am besten sind Raucher daher mit einem Nachtflug bedient, bei dem sie hoffentlich einen Großteil der Zeit im Schlaf oder Halbschlaf verbringen können.

WO DARF MAN NOCH NACH HERZENSLUST RAUCHEN?

Ein grundlegender und richtungsweisender Wert, um diese Frage zu beantworten, ist der prozentuale Anteil der Raucher unter den Einheimischen. Wo alle anderen zum Glimmstängel greifen, hält man sich ungern an Verbote, dürfen auch Reisende gerne mitqualmen. Genauso gilt: Wenn vor Ort niemand diesem Laster anhängt, ist die Toleranz eher gering.

In den Ländern der Europäischen Union ist das Rauchen in Restaurants, in öffentlichen Gebäuden und allerhand anderen Orten nahezu überall verboten. Hin und wieder führt dies zu abstrusen Verhältnissen – so dürfen die Gäste in den Amsterdamer Coffee-Shops Haschisch rauchen, allerdings nur ohne Tabakbeimischung.

Einige europäische Ausnahmen gibt es aber doch:

Die Tschechen sind ein bisschen wie die Gallier bei Asterix und Obelix. Wie alle anderen EU-Länder haben sie ein Rauchverbot im öffentlichen Raum verabschiedet, dieses gilt jedoch nicht in Gaststätten. Sofern der Gastwirt zu den Hauptessenszeiten für eine rauchfreie Zone sorgt, darf er selbst entscheiden, wie er das Verbot handhabt. Einer Verschärfung hat das tschechische Parlament 2016 eine Absage erteilt.

Auch in Griechenland widersetzt man sich gerne den Richtlinien. Nicht offiziell, denn laut Gesetz ist auch dort das Rauchen verboten. Mit 42 Prozent hat Griechenland allerdings den höchsten Raucheranteil Europas. Logisch, dass man sich da oft kollektiv nicht um das Verbot schert. Und wer wird schon in einer ländlichen Kneipe auf die EU-

Richtlinien pochen wollen, wenn alle anderen Gäste munter qualmen? Auch am Strand sieht man das Ganze eher entspannt, solange der Raucher nicht übermäßig Dreck hinterlässt.

Der Rebell im Westen der EU heißt Belgien: Nicht dass es hier andere Gesetze gäbe, nur verstoßen die Belgier besonders oft dagegen. In einer Bar nahe Charleroi wurde 2016 gar ein Kontrolleur in einer Rocker-Bar nackt ausgezogen, weil er das Rauchverbot anmahnte. Weitere Raucher-Destinationen sind Armenien und Weißrussland: Hier darf nahezu überall geraucht werden.

Bei Fernreisen wird es schon schwieriger, Informationen über die Tabakgesetze zu erhalten. Und nicht immer entspricht die Situation vor Ort den gängigen Vorurteilen. So zum Beispiel in Afrika: Auf den ersten Blick ist dieser Kontinent das letzte Refugium der Raucher. In Nordafrika ziehen die Menschen besonders gerne an der Zigarette. Mit durchschnittlich 44 Zigaretten pro Raucher pro Tag schlägt zum Beispiel Mauretanien alle Rekorde, ist aber auch nicht unbedingt für eine besonders hohe Lebenserwartung bekannt. In Marokko, Tunesien und Algerien sind die Chancen hoch, dass man auch im Restaurant zur Zigarette greifen kann – egal, was die Gesetze sagen. Auch in Ägypten und Äthiopien klafft eine Lücke zwischen Gesetz und Realität: Raucher sind allgegenwärtig, obwohl sie in öffentlichen Gebäuden eigentlich nicht qualmen dürfen. Auch im Taxi hält man sich nicht wirklich an das Rauchverbot.

Südafrika dagegen hat eines der ältesten Anti-Raucher-Gesetze. Dort wurde dem öffentlichen Qualmen schon im Jahr 2000 ein Ende gesetzt.

In Ghana, Nigeria und Benin nimmt man die Sache lockerer: Rauchen im Zug und im Raucherbereich der Restaurants ist kein Problem. Völlig anders sieht es in Südamerika aus: Nahezu alle Länder haben eine strikte Anti-Raucher-Gesetzgebung, allen voran Brasilien, wo die Raucher mittlerweile eine absolute Minderheit sind.

Aber zurück zu den Raucher-Ländern: China zählt dazu, wie auch viele andere asiatische Länder. Hier gibt es zwar diverse Gesetze, deren Einhaltung aber mit der Distanz zur Hauptstadt nachlässt. Auch in Indien, Taiwan, Thailand, Sri Lanka, Kasachstan, Vietnam und Malaysia darf man ziemlich oft zur Zigarette greifen, vor allem dann, wenn ein Raucherbereich vorhanden ist. In Japan ist die Lage extrem verworren, da die lokalen Behörden jeweils selbst entscheiden, oft bestimmt der Wirt, ob in seinem Restaurant geraucht werden darf. Nur in einem Punkt ist man sich fast landesweit einig: Auf den Gehwegen und der Straße wird nicht gequalmt.

Die Liste der rauchfeindlichen Länder führt übrigens Bhutan an: Das kleine Königreich im Himalaja macht ohnehin durch diverse Vorschriften von sich reden: So müssen die Einwohner bei der Arbeit die Nationaltracht tragen, Fernsehen wurde erst 1999 erlaubt. Da fällt das allgemeine Rauchverbot in der Öffentlichkeit gar nicht mehr weiter auf. Seit 2004 darf kein Tabak mehr verkauft, sondern nur noch für den Eigenverbrauch importiert werden. Dann allerdings fällt eine Einfuhrsteuer von 100 Prozent an. Interessanterweise hat sich nach den Daten der WHO die Zahl der jugendlichen Raucher in den letzten zehn Jahren dennoch verdoppelt.

14 WO GEHT'S LANG? UNTERWEGS OHNE ORIENTIERUNG

Nein, es ist keine neurotische Krankheit – aber auf dem besten Weg dahin. Erstaunlich viele Reisende sind ohne Navi und ohne Handy schlicht aufgeschmissen. Spätestens auf außereuropäischen Reisen lauert jenseits der Wi-Fi-Zone des Hotels eine furchterregende Welt, in der es heißt, Karten und Wörterbücher (aus Papier!) zu benutzen – wenn man denn überhaupt da ist, wo man sich wähnt...

Mal richtig weit wegfahren, in ein Land, dessen Sprache man nicht spricht, alleine natürlich, ohne Gruppe und Reiseleiter: Das trauen sich die wenigsten. Die größte Sorge: »Was, wenn ich mich verlaufe und nicht mal nach dem Weg fragen kann?«

Ganz unbegründet ist diese Furcht nicht, denn viele Großstädte, vor allem in der Dritten Welt, leiden gleichzeitig an Stadtplanmangel und notorischer Schilderlosigkeit. Logisch: Wo gerne mal ohne Genehmigung gebaut wird, wo Menschen notfalls im Bretterverhau leben, ist es müßig, dem Ganzen per gedrucktem Plan nachzujagen – morgen sieht es ja sowieso wieder ganz anders aus. Anderenorts verändern sich die lokalen Gegebenheiten so rasant, dass die Druckwalzen kaum hinterherkommen. Wer je versucht hat, sich mit einem zwei Jahre alten Stadtplan in den Randbezirken von Shanghai zurechtzufinden, weiß, was gemeint ist.

Nicht zuletzt ist da noch die Kleinigkeit der fremden Schrift: In Russland, Bulgarien und Griechenland lässt sich diese Hürde mit ein wenig intellektuellem Einsatz noch überwinden, man muss ja lediglich ein fremdes Alphabet verinnerlichen. An China, Indien, Myanmar, Laos, Kambodscha und dem gesamten arabischen und persischen Raum scheitern Reisende jedoch genauso kläglich wie an Japan und Korea.

Gut, dass es heute Navi und GPS gibt! Niemand muss sich mehr mit esstischgroßen Karten herumschlagen, deren Originalfaltung – das ist quasi ein Naturgesetz – nach dem ersten Einsatz niemals wieder zu rekonstruieren ist. Oder mit Straßenschildern, auf denen die Städtenamen je nach Sprachgebiet variieren (also Aachen abwechselnd als *Aix la Chapelle* und *Aken* ausgewiesen wird), wie man sie gerne in Belgien findet – übrigens eine schöne Garantie für eine lustige regionale Rundfahrt.

Ganz ohne Herausforderungen ist aber auch das Reisen mit dem Navi nicht: Dank der Orientierungs-Demenz, die sich durch die ständige Bevormundung durch ein Navi ergibt, schlagen Reisende heute geradezu spektakuläre Umwege ein. Mit dem Orientierungssinn ist es wie mit einem Muskel: Wird er nie gefordert, verkümmert er leise und unbemerkt.

Die Auswirkungen kann man ab und zu unter der Rubrik »Gemisches« oder »Skurriles« nachlesen:

So wollte 2013 ein Paar aus Nordrhein-Westfahlen eigentlich nach St. Gallen in der Schweiz, ließ sich jedoch anstandslos vom Navi in das gleichnamige Dorf in Österreich führen. Den Irrtum bemerkten sie erst, als sie das Ferienhaus nicht finden konnten.

Im gleichen Jahr verschlug es fünf asiatische Touristen anstatt nach Lourdes in Südfrankreich zur Kirche *Notre-Dame-de-Lourdes* in der Bretagne, sehr zum Erstaunen der Einheimischen.

Noch beeindruckender ist die Geschichte der Belgierin, die einen Freund vom Brüsseler Bahnhof abholen wollte, der gut eine Fahrstunde von Solre-sur-Sambre entfernt liegt. Erst 1500 Kilometer und einige Tankstopps später, nahe dem kroatischen Zagreb, dämmerte der Frau, dass sie eventuell einem Irrtum des Navis aufgesessen war. Ein ebenfalls belgischer Busfahrer bewies fast genauso viel Sitzfleisch, als er auf dem Weg nach La Plagne einen 1200 Kilometer langen Umweg hinlegte – statt wie beabsichtigt in die Alpen fuhr er in die Pyrenäen. Beide Anekdoten sind übrigens eine eindrucksvolle Demonstration dafür, wie manche Belgier die Größe ihres Landes überschätzen.

Dies sind nur einige wenige Irrtümer, die per Zufall in den Medien landeten. Die meisten peinlichen Umwege, die auf Navi-Gläubigkeit zurückgehen, verschweigen Reisende schamhaft. Richtig gefährlich wird es, wenn der kürzeste Weg durch eine No-go-Area führt. Erst im Dezember wurde ein italienischer Tourist in einem Slum von Rio de Janeiro erschossen. Das war dann wirklich der kürzeste Weg.

Doch auch vor der Zeit des GPS gelang es Reisenden hier und da, spektakuläre Umwege einzulegen oder sprachliche Verwirrung zu stiften. Wie die hessische Angestellte, die zur großen Verwunderung ihrer Kollegen mit dem Bus nach Bombay fuhr und zu deren noch größerer Verwunderung bereits nach einer Woche wieder zurückkehrte – aus Pompey in Italien, wie die Dialekt-bereinigte Version ergab. Legendär sind auch die Probleme der Stadt Bayreuth, ein Ziel, dem viele Amerikaner erst einmal misstrauen: Ist es da nicht viel zu gefährlich? Wer will schon in den Libanon?

Selbst die Insel Taiwan kämpft auf dem deutschen Markt mit der Tatsache, dass die meisten es nicht von Thailand unterscheiden können. Falls Sie das nicht glauben: Erzählen Sie im Bekanntenkreis doch einfach mal von Ihren Taiwan-Reiseplänen. Mit Sicherheit lautet die Antwort in 50 Prozent der Fälle: »Ich würde auch gerne mal nach Thailand fahren.«

WO WILL ICH EIGENTLICH HIN?

Für Reisen an den falschen Ort muss man nicht zwingend ein Auto besitzen. Den Buchungsportalen sei Dank kann man heute, von jeder Logik befreit, nicht nur wirklich jeden kleinen Flecken auf der Welt finden, sondern auch mit wenigen Klicks einen Flug dorthin buchen oder eine Unterkunft anmieten.

Wer versucht, über eine Buchungsmaschine ein Zimmer in Neustadt zu finden, bekommt einen Vorgeschmack davon. Und da ist das Prozedere noch auf Deutsch.

In die Schlagzeilen schaffte es 2009 ein italienisches

Pärchen, das anstelle von Sydney in Australien nach Sydney in Kanada flog. Das Dumme ist: Fast jeden größeren Ort der Welt gibt es ein zweites Mal in den USA. Die ersten europäischen Siedler schienen wenig Fantasie und viel Heimweh zu haben. So gibt es ein Heidelberg in Minnesota, Mississippi, Pennsylvania und in Texas. Wer lieber indisches Flair sucht, kann zwischen Delhi in Kalifornien, Iowa, Louisiana, Minnesota und New York wählen. Auch Berlin ist komplette sieben Male dabei, Madrid viermal, und auch Venedig und Aberdeen etliche Male, um nur einige Beispiele zu nennen.

VORSCHLÄGE FÜR SPEKTAKULÄRE FEHLBUCHUNGEN

STADT (ORIGINAL)	LAND	ALTERNATIVE	LAND
KAIRO/CAIRO	ÄGYPTEN	CAIRO	ILLINOIS, USA
DARMSTADT	DEUTSCHLAND	DARMSTADT	USA
GLASGOW	SCHOTTLAND	GLASGOW	MONTANA, USA
GRANADA	SPANIEN	GRENADA	KARIBIK
HYDERABAD	INDIEN	HYDERABAD	PAKISTAN
LA PAZ	BOLIVIEN	LA PAZ	MEXIKO
PANAMA CITY	PANAMA	PANAMA CITY	FLORIDA, USA
PARIS	FRANKREICH	PARIS	TEXAS, USA
		PARIS	IDAHO, USA
		PARIS	OHIO, USA
PERTH	SCHOTTLAND	PERTH	AUSTRALIEN
SAN JOSÉ	COSTA RICA	SAN JOSÉ	KALIFORNIEN, USA
ST. PETERSBURG	FLORIDA, USA	ST. PETERSBURG	RUSSLAND
SYDNEY	AUSTRALIEN	SYDNEY	NOVA SCOTIA, KANADA
VALENCIA	SPANIEN	VALENCIA	VENEZUELA

Wenn man es mit den Buchstaben nicht so genau nimmt, ergeben sich natürlich noch viel mehr Möglichkeiten für einen Irrtum, wie bei Dhaka, Bangladesch, und Dakar, Senegal, oder Budapest und Bukarest – Letzterem sitzen hier und da sogar minderbemittelte Journalisten und Reisebüroangestellte auf.

Vielversprechend sind auch Irrtümer, die sich aus den diversen Transkriptionen fremder Schriften ergeben. Beliebt sind hier Grenzübertritte von Myanmar nach Birma. Sie ahnen es: Es handelt sich um dasselbe Land, manche legen sogar noch einen Stopp in Burma ein. Dabei handelt es sich nicht um eine fiktive Geschichte, sondern um eine ernste Anfrage bei einem Frankfurter Asien-Veranstalter. In diese Kategorie fällt auch die unschuldige Frage nach Zugtickets von Guangzhou nach Kanton.

EIN HOCH AUF DIE KARTE!

Smartphone-Maps sind eine wunderbare Sache, wenn man Zugang zu einer bezahlbaren WLAN-Verbindung hat. In Amerika oder Afrika kann der Blick auf die digitale Karte schnell ein teures Vergnügen werden. Und noch etwas spricht gegen die sonst so praktischen Online-Karten: Man kann damit längst nicht so offensichtlich hilflos in der Gegend herumwedeln und sie so ungeschickt hin und her klappen, dass sich die vorübereilenden Einheimischen erbarmen und einem freiwillig den Weg zeigen.

NACHWORT –
UND NUN?

Was ist nun das Fazit angesichts all der Gefahren und Risiken der letzten 200 Seiten? Gar nicht mehr reisen? Am besten zu Hause bleiben? Natürlich nicht!

Erstens kann auch »zu Hause« ein ziemlich gefährlicher Ort sein – bei häuslichen Unfällen in Deutschland sterben mehr Menschen als deutsche Reisende bei allen terroristischen Anschlägen, Raubüberfällen und Straßenunfällen im Urlaub zusammen. Sogar die Opfer von Quallenstichen und Haifisch-Attacken kann man noch bequem mit einrechnen. Und niemand erwägt ernsthaft, deshalb zu Hause auszuziehen.

Zweitens macht Reisen einfach Spaß. Mit ein paar Vorkehrungen kann man es noch ein bisschen sicherer und angenehmer gestalten. Dieses Buch hat Ihnen hoffentlich einige Anregungen dazu gegeben. Der eine oder andere mag das als Spaßbremse empfinden: »Dann braucht man ja gar nicht mehr zu fahren.« Aber wäre das nicht so, als würde man lieber aufs Autofahren verzichten, als einen Gurt anzulegen oder ein Modell mit Airbag zu nutzen?

In diesem Sinne: Gute Reise!

LEKTÜRETIPPS

Benjamin Gilmour, *Paramédico. Around the World in an Ambulance*, The Friday Project 2012.

Rose George, *The Big Necessity. Adventures in the World of Human Waste*, Portobello 2008.

Jürgen Heermann, *Warum Sie oben bleiben. Ein Flugbegleiter für Passagiere – Vom Start bis zur Landung*, Insel Taschenbuch 2012.

Robert Young Pelton, *Come Back Alive. The Ultimate Guide to Surviving Disasters, Kidnapping, Animal Attacks and Other Nasty Perils of Modern Travel*, Broadway Books 2000.

Robert Young Pelton, *The World's Most Dangerous Places*, Harper Resource 2003.

Psychologie Heute compact, »Keine Angst vor der Angst: Wovor wir uns fürchten – und was wir dagegen tun können«, Beltz 2012.

Andreas Spaeth, *Crashtest: Die verborgenen Risiken des Fliegens*, Heyne 2016.

Hannes Sprado, *Verfressen, sauschnell, unkaputtbar. Das phantastische Leben der Kakerlaken*, Ullstein 2012.

Amy Stewart, *Gemeines Getier: Das A–Z der Insekten, die beißen, stechen, infizieren und uns den letzten Nerv rauben*, Berlin Verlag 2013.

Petra Müssig, *Berggenuss statt Höhenangst*, Pietsch 2015.

ONLINE-BERICHTE

UNICEF: *Progress on Sanitation and Drinking Water: 2015 Update*

Transparency International: *Corruption Perception Index 2017*

World Health Organisation: *Global status report on road safety 2015*

Bündnis Entwicklung Hilft & United Nations University Insitute for Environment and Human Security (UNU-EHS): *World Risk Report*

Robert Koch Institut: *Gesundheitsprobleme bei Fernreisen*

ANHANG

Weitere Informationen zum Import von Beruhigungsmittels für den persönlichen Bedarf gibt es hier:

Singapur	Health Sciences Authority, *www.hsa.gov.sg* → Health Products → Regulation → Consumer Information → Personal Import Regulations → Bringing Personal Medications into Singapore
Australien	Department of Immigration and Border Protection, *www.border.gov.au* → Home → Individuals and Travellers → Entering or leaving Australia → Bringing items into Australia → Can I bring it back → Medicine → Sedatives
Indonesien	Indonesische Botschaft Den Haag, *www.new.indonesia.nl* → Consular services → Travelling to Indonesia with prescribed medication
Vereinigte Arabische Emirate	UAE Interact, *www.uaeinteract.com/travel/drug.asp* oder

Vereinigte Arabische Emirate	Embassy of the United Arab Emirates, *www.uae-embassy.org/sites/default/files/ Guidelines%20for%20carrying%20 medecines%20to%20UAE.pdf*
Japan	Ministry of Health, Labour and Welfare, *www.mhlw.go.jp/english/* → Pharmaceuticals and Medical Devices → Information for those who are bringing medicines for personal use into Japan
USA	U.S. Customs and Border Protection *https://help.cbp.gov/app/answers/detail/ a_id/1160/kw/medication*
Thailand	Königlich Thailändische Botschaft, *thaiembassy.de* → deutsch → Konsularwesen, Visa, & Beglaubigungen → Zollvorschriften

Hier gibt es eine ganze Reihe von Dokumenten, teils aber noch im Aufbau Genehmigungen auch online unter *http://permitfortraveler.fda.moph.go.th/*

Oder nach »Guidance for Travellers to Thailand under Treatment Carrying Personal Medications Containing Narcotic Drugs« googeln

Ein Reisekompendium der besonderen Art

Favell Lee Mortimer /
Todd Pruzan

**Die scheußlichsten
Länder der Welt**

Mrs. Mortimers
übellauniger Reiseführer

Aus dem Englischen
von Martin Ruben Becker
Piper Taschenbuch, 256 Seiten
€ 9,99 [D], € 10,30 [A]*
ISBN 978-3-492-25374-1

*Cover- und Preisänderungen vorbehalten

Von dreckigen Franzosen und tollpatschigen Portugiesen, versoffenen Asiaten und Wilden, die Menschen fressen: Obwohl die Bestsellerautorin Favell Lee Mortimer (1802–1878) ihr Leben lang nicht aus England hinauskam, schrieb sie doch unbeirrbar Reiseführer. Darin rechnete sie mit der ganzen Welt ab; ihre Bücher wimmeln geradezu von Vorurteilen. Sie sind überhaupt nicht politically correct – und gerade deshalb hinreißend zu lesen.

PIPER

»Amüsant und anregend.«

abenteuer und reisen

Hier reinlesen!

Ilija Trojanow

Gebrauchsanweisung fürs Reisen

Piper Taschenbuch, 208 Seiten
€ 15,00 [D], € 15,50 [A]*
ISBN 978-3-492-27719-8

All-inclusive oder auf eigene Faust: Was suchen wir, wenn wir in andere Länder aufbrechen? Wie viel Neues wollen wir erfahren, welche Gewohnheiten hinter uns lassen? Was macht heute den Zauber des Unterwegsseins aus, wo es kaum noch unberührte Flecken gibt? Erlebnisreich und pointiert schreibt Ilija Trojanow, der fast hundert Länder bereist hat, über Sinn und Ertrag des Vagabundierens. Er spannt dabei den Bogen von der Grand Tour bis zum Massentourismus, vor allem aber zum Reisen als beglückende Kunst, die es neu zu entdecken gilt.

Leseproben, E-Books und mehr unter www.piper.de

Geht nicht, gibt's nicht!

Hier reinlesen!

Jana Steingässer

Gebrauchsanweisung fürs Reisen mit Kindern

Piper Taschenbuch, 224 Seiten
€ 15,00 [D], € 15,50 [A]*
ISBN 978-3-492-27720-4

Elternzeit, Windel-Logistik und Schulpflicht – beim Reisen mit Mann und vier Kindern fragt Jana Steingässer nie, ob etwas machbar ist, sondern wie. Mit Witz und Sachverstand erzählt die Globetrotterin, dass man als Familie in einer pulsierenden Großstadt, der arktischen Wildnis oder einer Sandwüste die schönsten Abenteuer erleben kann. Was in den Koffer gehört, mit welchen Tricks jeder auf seine Kosten kommt und warum Kinder geborene Entdecker sind, von denen Erwachsene jede Menge lernen können.

PIPER

Leseproben, E-Books und mehr unter **www.piper.de**

»Eine Innenkabine mit Meerblick, bitte!«

Hier reinlesen!

*Cover- und Preisänderungen vorbehalten

Thomas Blubacher

Gebrauchsanweisung für Kreuzfahrten

Piper Taschenbuch, 240 Seiten
€ 15,00 [D], € 15,50 [A]*
ISBN 978-3-492-27681-8

Wissen Sie, warum Schiffe nur von Frauen getauft werden und was eine Schmetterlingsfahrt ist? Thomas Blubacher war in der Karibik und im Indischen Ozean, im Mittelmeer und auf Europas Flüssen unterwegs. Ob Ozeanriese, Luxusliner oder Viermastbark – er erklärt, wie man die passende Reise für sich findet. Berichtet augenzwinkernd von Weihnachtsmarkttouren und Wellnessoasen sowie seinem Selbstversuch als »Nummernboy«. Danach ist vom Neuling bis zum Repeater jeder für das Captain's Dinner bereit.